Matthias Prenzel

Eine bessere Gesellschaft durch Wohlstand für alle!

Angemessene Löhne und Gehälter sowie
eine Gesellschaft mit hohem Zusammenhalt
als Garant für breiten Wohlstand in
Deutschland gegen die "Diktatur"
von Renditen

Inhaltsübersicht
Vorwort

Vorwort

In Deutschland setzt sich in vielen Branchen eine Unternehmenskultur nach und nach durch, die Arbeitnehmer nur noch als „Handelsware" sehen. Diese „Handelsware" möchten die Arbeitgeber möglichst kostengünstig nutzen. Diese „Handelsware" sollte loyal, kreativ und vor allem produktiv sein. Am besten 24 Stunden zum vollen Einsatz bereit. Ethische Werte – Mangelware! In vielen Unternehmen zählt nur noch die Rendite, die Rendite-Entwicklung, die Rendite und nochmals die Rendite. Es ist wie ein unendliches Rennen um die höchste Rendite. Wie lässt sich dieses Rennen denn nur gewinnen? Bei Materialeinkäufen werden Lieferanten soweit möglich preislich gedrückt oder es wird nur die zweite Wahl eingekauft, somit nur Rohstoffe und Vorprodukte, die noch gerade den Qualitätsstandards genügen? Schon lange wird nicht mehr das Ziel verfolgt, die langfristige Qualität von Produkten zu steigern. Nein, es wird über „Sollbruchstellen" in Produkten nachgedacht, um nach dem Ablauf der Garantiezeit den Neukauf zu sichern. Dabei wird unterstellt, dass der Kunde diese „Abzocke" nicht erkennt und erneut das Produkt dieses Herstellers kauft und nicht zu einem anderen Hersteller wechselt. Weiterhin kann die Rendite über das Personal gesteigert werden. Das Personal in Unternehmen sollte möglichst hervorragend qualifiziert, loyal und hoch flexibel sein. Ein geringer Lohn sollte keine Demotivation erzeugen. Dann sollten Aufgaben und Projekte nur mit möglichst wenigen Mitarbeiterinnen und Mitarbeitern erfolgreich gestemmt werden. Die

Mitarbeiter sollen zusätzlich auch noch immer kreativer, produktiver, mit Leidenschaft die Aufgaben und Projekte in kürzesten Zeitspannen angehen und natürlich erfolgreich umsetzen. Ach so, ideal wäre auch dies in befristeten Arbeitsverhältnissen oder in Zeitarbeit. Geht nicht? Schade! Diese Ironie ist hier erforderlich!

Zusätzlich sollten die Arbeitnehmer nicht krank werden und gegen Stress und erhöhten Arbeitsdruck aus Arbeitsverdichtungen schlicht und einfach „immun" oder zumindestens „resistent" sein. Junge Arbeitnehmer könnten diese Vorstellungen vielleicht erfüllen, aber die Alten? Nein, die werden frühzeitig ausgemustert. Ältere Mitarbeiter werden nicht geschätzt, sondern sind nur noch lästig! Die Rente kommt zwar erst mit 65 bis 67 oder gar ab 70. Aber schon ab 50plus können freigesetzte Arbeitnehmer nur sehr schwer wieder eine neue Arbeitsstelle finden. Möglich sicherlich, aber nur zu einem geringeren Lohn, zu einem „Hungerlohn". Dies passt einfach nicht zusammen. Die Unternehmer argumentieren dagegen. Sie sehen niedrige Löhne darin gut begründet, weil für Arbeitnehmer auch vieles immer billiger wird. Sie argumentieren, dass durch den intensiven Wettbewerb und den Verbraucherschutz, werden garantiert eine Vielzahl der Produkte und Dienstleistungen billiger. Deshalb sehen sie niedrige Löhne als gerechtfertigt an. Dies würde aber aber auch zur Deflation führen. Dies möchte die EZB als oberste Hüterin der Preisstabilität nicht. Deshalb muss die Frage beantwortet werden, kann das auf Dauer gut gehen? Vermutlich nein!

Löhne und Gehälter sind die Existenzgrundlage für Arbeitnehmer.

Und nicht nur für diese, sondern auch für deren Familienmitglieder, wie Partner und Kinder. Zunehmend haben Arbeitnehmer Ängste vor Lohnerhöhungen. Diese „Angst vor Lohnerhöhungen" bei Arbeitnehmern wird dadurch erhöht, dass viele Arbeitgeber sagen, dass sie bei steigenden Löhnen nicht nur einen Stellenabbau androhen, sondern diesen auch umsetzen. Der Hintergrund ist der, dass die Unternehmen mit möglichst niedrigen Personalkosten weiter auf den Märkten wettbewerbsfähig bleiben und sich für die Zukunft damit gut aufstellen können.

Die Milliardengewinne der Deutschen Bank haben Mitarbeiter erwirtschaftet. Überraschend? Nein! Das scheint für den Vorstandsvorsitzenden Herrn Josef Ackermann aber nicht nachvollziehbar zu sein. Deshalb war es für ihn nur richtig und wichtig, gemeinsam mit der Gewinnbekanntgabe auch einen Stellenabbau zu verknüpfen und anzukündigen. Ein Unternehmenslenker wie Herr Ackermann hat dies mit „Null"- Ansatz von Sozialkompetenz oder gar Feingefühl geäußert. Das führte zunächst zu Kopfschütteln, aber mittlerweile scheinen leider viele Manager und Unternehmenslenker Rendite und Wettbewerbs- fähigkeit so eng zu verknüpfen, dass Arbeitnehmer nur denken können, dass sie zwar durch ein hohes Engagement für ein Unternehmen mithelfen den Gewinn zu erwirtschaften und damit die Rendite erhöhen, aber gleichzeitig müssen sie befürchten, dass sie durch ihr hohes Engagement ihren Job aufgrund der zukünftig zu erhaltenden Wettbewerbsfähigkeit verlieren könnten. Alternativ denken sie: „Durch die Übernahme durch ein anderes Unternehmen oder durch einen Investor verliere ich gegebenenfalls meinen Job, weil dieser Investor genau durch die hohe erwirtschaftete Rendite angezogen wird." Jeder Arbeitnehmer wird hiermit erhebliche Probleme haben!

Dann reden nicht wenige Politiker von dem Wohlstand für alle, der sich aufgrund des steigenden Bruttoinlandsproduktes und der hohen Wettbewerbsfähigkeit ergeben sollte. Nur dies ist nicht viel mehr als eine „Worthülse". Doch die Realität zeigt, dass der Niedriglohnsektor sukzessive zunimmt, der Druck auf die Löhne steigt, weil die Kapitalseite immer bessere Ergebnisse erwartet. Da die Zinsen zur Zeit unattraktiv für Anlagen sind, steigt das Bestreben „in Aktien anzulegen" und damit steigt gleichzeitig der Druck auf die zu erwirtschaftende Rendite und wiederum auf die zu erwartende Dividendenausschüttungen. Der über Jahre versuchte Dreiklang, Gewinne sind notwendig zur Stärkung der Eigenkapitalstärkung, zur Ausschüttung an die Kapitalseite und zur Beteiligung der Arbeitnehmer an den Erfolgen, quasi im Sinne eines Sozialpaktes und auch zur Absicherungen eines fairen Miteinanders aller beteiligten Gruppen, diese Verknüpfung existiert in vielen Unternehmen schon länger nicht mehr.

Die Beteiligung der Arbeitnehmer am Erfolg und an den Gewinnen ist in vielen Unternehmen nicht mehr gegeben. Das Management wird am Erfolg beteiligt, die Kapitalseite erhält die Beteiligung und das Eigenkapital wird gestärkt oder auch nur noch begrenzt gestärkt. Die Gewinne werden aus den Unternehmen gezogen. Außerdem bedeutet ein hoher Anteil Eigenkapital oder gar „zuviel Eigenkapital", dass die Rendite auf das EK sinken würde. Die Arbeitnehmer, die die Gewinne erwirtschaften werden maximal mit der Beteiligung am Zuwachs der Produktivität beteiligt und gegebenenfalls wird lediglich noch ein Inflationsausgleich gezahlt. Aber immer wieder wird trotz der erarbeiteten Gewinne mit dem Verlust an Wettbewerbsfähigkeit „gedroht", der Arbeitsplätze kosten kann. In diesem Umfeld sollen sich Arbeitnehmer für ihr Unternehmen voll einsetzen?

Der Fachkräftemangel könnte die Position der Arbeitnehmerseite stärken ebenso wie die Arbeitsvorstellungen der Generation Y (Generation der nach 1980 Geborenen). Diese Vorstellungen sind „menschlicher" gestaltet und Arbeitnehmer werden nicht einfach als „Humankapital" und als „Produktionsfaktor" abgestempelt. Hoch qualifizierte Arbeitnehmer aus der Generation Y stellen Forderungen nach einem guten kollegialen Miteinander im Betrieb, nach Familienfreundlichkeit, nach Flexibiliät der Arbeitszeit im Sinne der Arbeitnehmer und vieles mehr. Der Gegendruck hierzu entsteht durch die Freizügigkeit der Arbeitsplatzwahl in der EU den Arbeitskräften, die nach Deutschland kommen und die bereit sind, für geringe Löhne zu arbeiten. Zusätzlich bringt der Missbrauch von Werkverträgen und die Zeitarbeit einen erheblichen Gegendruck auf Forderungen nach Lohnsteigerungen. Dies sind alles Instrumente, um die Forderungen nach Lohn- und Gehaltserhöhungen auf der Arbeitnehmerseite nachhaltig abzubremsen und zu kontrollieren. Die schnelle „Absturzmöglichkeit" in Hartz IV komplettiert die „Angstfaktoren" in Deutschland für die Arbeitnehmer. Zusätzlicher Druck entsteht durch die Ablehnung, die Hartz IV und

Langzeitarbeitslosen aus der Mittelschicht mittlerweile entgegen schlägt. Dies ist beängstigend. Wenn Arbeitsplätze aufgrund der Rendite-Vorstellungen der Unternehmensleitung ins Ausland verlagert und deshalb Mitarbeiter in die Arbeitslosigkeit entlassen werden, dann ist das ein Vorgang, der eher zur Anteilnahme führen sollte und eventuell zur Kritik am Management, aber nicht zur gesellschaftlichen Ablehnung von arbeitslosen Menschen.

Weiterhin fehlt eine breite Diskussion über die Steigerung der Binnennachfrage in Deutschland. Durch steigende Löhne könnte die Kaufkraft im Inland steigen. Hierfür ist aber eine Verringerung der Ungleichheit zwischen Arm und Reich erforderlich. Die Einkommens- und Vermögensverteilung muss von „ungleich" in Richtung „weniger ungleich" entwickelt werden. Da zur Zeit die Reallöhne (Lohnsteigerungen abzüglich der Inflationsrate) in vielen Berufsfeldern schon seit Jahren sukzessive sinken, ist auch die nachhaltige Inlands- oder Binnennachfrage nur verhalten. Diese geringe Binnennachfrage wird schon seit langem von der OECD deutlich kritisiert und ein deutliches Gegensteuern gefordert. Der aktuelle Konsum wird als nachhaltig und damit falsch interpretiert! Viele Konsumenten konsumieren nicht deshalb, weil die konjunkturelle Stimmung im Land so gut ist, die Arbeitsplätze so sicher sind, nein sie konsumieren, weil sie durch die aktuell niedrigen Zinsen bedingt keine für sie sicher und attraktiv erscheinende Anlagemöglichkeit finden und ihr Vermögen gegen die wenn auch nur leichte Inflation in Deutschland schützen wollen. Sie befürchten, dass ihr Geld immer weniger wert wird. Deshalb wollen viele

Menschen lieber jetzt noch Produkte für ihr Geld kaufen, bevor sie in Kürze noch weniger für ihr Geld kaufen könnten. Deshalb ist der Konsum als Vermeidung von Wertverlust des Geldes zu werten und eben nicht als Wachstumsimpulse fälschlich zu interpretieren! Ganz „krass" könnte es sein, wenn nicht nur Firmen, sondern auch Privatkunden für Einlagen „Strafzinsen" für ihre Einlagen zahlen müssten. Die Anlage für die Altersvorsorge wird ebenfalls zunehmend schwieriger, weil die aktuell niedrige Inflation die historisch niedrigen Zinsen, die die Anleger für ihre Anlage noch erhalten, förmlich „aufgefressen" werden. Zusätzlich werden Lohnerhöhungen, wenn diese gezahlte werden, in vielen Fällen durch die „kalte Progression" weg besteuert. Für die Inlandsnachfrage in Deutschland besteht keine nachhaltig tragfähige Zukunftsperspektive, sondern es sind eher düstere Aussichten. Die „Strukturreformen" in den europäischen Krisenländern, die konsequent als drastische Lohnkürzungen bezeichnet werden, verschlechtern weiter die Lage in der EU dadurch, dass die erforderliche jeweilige Binnennachfrage nach Produkten und Dienstleistungen hierdurch noch weiter sinkt. Außerdem werden die angestrebten Haushaltskonsolidierungen in den Ländern der EU keinen staatlichen Nachfrage-Ausgleich im Sinne von Keynes zulassen, solange neoliberales (möglichst freie Marktentfaltung und möglichst geringe Marktregulierungen) Gedankengut in den Regierungen oberste Priorität genießen. Alle „Strukturreformen" in den Krisenländern verpuffen aufgrund einer massiven Verunsicherung von Konsumenten und Unternehmen. Sie tragen vor allem nichts zur Überwindung der Nachfragekrise in der EU bei. Und alle Länder der EU können und sollten nicht wie Deutschland Exportüberschüsse anhäufen. Die Eurokrise ist nicht das Ergebnis angebotsseitiger Hemmnisse (möglichst geringe Marktregulierungen), die durch Strukturreformen beseitigt werden müssen. Im Euroraum waren im August 2014 gut 18 Millionen Menschen arbeitslos und die vorhandenen Unternehmenskapazitäten vor allem in den Krisenländern nur eingeschränkt ausgelastet. Diese nicht genutzten Kapazitäten und Ressourcen lassen sich nur durch Ausgabensteigerungen und dies bedeutet als Konsequenz durch Nachfrageausweitungen erneut produktiv nutzen. Es besteht eine Nachfragekrise und keine Angebotskrise! Dies sollten wirtschaftspolitisch Verantwortliche zur Kenntnis nehmen und entsprechend handeln. Solange der Privatsektor in den betroffenen Krisenländern nicht in der Lage ist, eine ausreichende Nachfrage zu generieren, muss der Staat seine Ausgaben erhöhen. Dies ist aber mit den Zielen einer Haushaltskonsolidierung zunächst nicht vereinbar. Durch mutige politische Entscheidungen, Veränderungen der Unternehmenskulturen und der Rendite-Erwartungen insbesondere auf der Kapitalseite, aber dann auch folgerichtig auch auf der Arbeitnehmerseite könnten der Wohlstand für alle, das gesellschaftliche Klima und der Zusammenhalt in der Gesellschaft, das soziale und faire Miteinander aller gesellschaftlichen Gruppen, der Abbau von Ungerechtigkeiten und Ungleichheiten stärker als Zielsetzungen angegangen und sukzessive umgesetzt werden. Hierdurch könnte die Gesellschaft in Deutschland auf breiter Basis mutiger, offener, zukunftsorientierter, menschlicher und glücklicher gestaltet werden.

1.		Wirtschaftliche Situation in Deutschland

1.1		Deutsche Bundesbank und Europäischen Zentralbank (EZB) fordern deutlich höhere Löhne für Tarifbeschäftigte im Juli/ August 2014 in Deutschland

Die Reallöhne -also die Lohnsteigerungen abzüglich der Inflationsrate- der Tarifbeschäftigten in Deutschland sind seit Jahren je nach Branche nur in geringem Umfang gestiegen oder gar gesunken. Deutschland hat sich durch die jahrelange Lohnzurückhaltung einen hohen Wettbewerbsvorteil auf Kosten der Arbeitnehmer im Vergleich zu anderen europäischen Staaten erarbeitet. Durch die Deregulierung des Arbeitsmarktes (beispielsweise durch die Aufweichung von Tarifverträgen, des Kündigungsschutzes sowie die Absenkung von Löhnen) über die Agenda 2010 von Gerhard Schröder und insbesondere durch die Hartz IV Regelungen konnten über Jahre zwischen den Tarifpartnern im Verhältnis zu den in vielen Unternehmen vorherrschenden hervorragenden Gewinnsituationen niedrige Löhne beibehalten werden. Hartz VI wird in der Bevölkerung als gesellschaftliches Stigma angesehen. Jeder kann dort „landen". Unternehmen strukturieren um. Trotz guter Gewinnsituationen werden Arbeitsplätze abgebaut. Nicht nur Geringqualifizierte, sondern auch Fach- und Führungskräfte können vom „Absturz" in die Hartz IV-Situation getroffen werden. Diesen Absturz möchte jeder vermeiden.

Die Ängste, die dieser mögliche Absturz verursacht hat, verhindert und verhinderte gleichzeitig höhere Lohnforderungen. Viele Unternehmen verzeichneten in den vergangenen 10 Jahren hervorragende Gewinne. Eine Teilhabe der Arbeitnehmer an diesen Erfolgen wurde von Arbeitgeberseite erfolgreich abgewehrt. Die Entwicklung der Gehälter der Arbeitnehmer bis hin zu den mittleren Führungskräften ist von der guten Gewinnentwicklung abgekoppelt worden. Vorstandsgehälter sind dagegen eng mit Ertragskomponenten verknüpft. Im Gegensatz dazu profitieren die Arbeitnehmer in den meisten Unternehmen nicht oder nur weit unterproportional von hohen Unternehmensgewinnen.

Betrachten wir das übrige Europa, dann hat diese Entkopplung der Löhne vom Unternehmenserfolg dort so nicht stattgefunden. Hier sind Unternehmensgewinne auch den Arbeitnehmern in Form von Lohn- und Gehaltserhöhungen zu gute gekommen. Diese Abkopplung sollte aber auch sukzessive in anderen europäischen Staaten greifen. Dies steckt hinter den Forderungen der Bundesregierung endlich Strukturreformen umzusetzen. Es geht hier insbesondere um die Flexibilisierung der Arbeitsmärkte und damit um den Abbau von Kündigungsschutz, von Sozialstandards und damit Senkung von Sozialkosten immer im Hinblick auf die Wettbewerbsfähigkeit der Unternehmen. Viele europäische Staaten wollen deshalb das deutsche Modell nicht übernehmen, weil sie anders ausgerichtet sind und dies auch bleiben wollen.

Mittlerweile könnte sich die Situation langsam umdrehen. Der EU-Sozialkommissar László Andor spricht sich für deutliche höhere

Lohnabschlüsse in Deutschland aufgrund der guten Konjunktur in der „Welt am Sonntag" in ihrer Ausgabe vom 17.08.2014 aus. Deutschland fordert er auf, mehr für die Wirtschaft in der EU zu tun. Hierzu zählen für ihn „höhere Lohnzuwächse". Herr Andor bescheinigt Deutschland einen Kurs in der Wirtschafts- und Lohnpolitik, der falsch sei! „Seit nunmehr zehn Jahren bleiben Lohnzuwächse in Deutschland stark hinter der Produktivitätsentwicklung zurück." Zusätzlich führte er aus, dass Deutschland seine öffentlichen Investitionen deutlich erhöhen muss und hierdurch zusätzlich die Inlandsnachfrage stärken sollte. Das würde allerdings den Bestrebungen der Haushaltskonsolidierung im Bund, den Ländern und Kommunen entgegenlaufen.

Ein zusätzliches Problem sind in Europa die hohen Exportüberschüsse, die Deutschland erzielt hat. Unsere Exportüberschüsse führen bei vielen anderen Ländern der EU zu Exportdefiziten. Die „exzessiven Exportüberschüsse, die anderen europäischen Ländern schaden" muss Deutschland in Zukunft nachhaltig reduzieren.

Eine Erhöhung der Lohn- und Gehaltsabschlüsse fordert außerdem der Präsident der Deutschen Bundesbank sowie die Europäische Zentralbank. In den Krisenländern der Eurozone, die eine hohe Arbeitslosigkeit aufweisen, sind niedrige Lohnabschlüsse sinnvoll, damit die Wettbewerbsfähigkeit für die Unternehmen in den Krisenländern zurückgewonnen werden kann, so die Äußerungen der Bundesbank und der EZB. In Deutschland dagegen, so der EZB-Chefvolkswirt Peter Praet, sind deutlich höhere Löhne aufgrund der niedrigen Inflationsrate und der geringen Arbeitslosigkeit angemessen. Hier ist der Hintergrund für die Äußerungen der Bundesbank im Juli 2014 gegenüber der Nachrichtenagentur AFP sowie die Äußerungen auf Seiten der EZB zu vermuten und bei beiden addiert sich dazu die begründete Angst vor den nicht kalkulierbaren Folgen einer sich entwickelnden Deflation hinzu.

Die wirtschaftspolitische Zielsetzung einer Inflationsrate in Höhe von 2 % in Deutschland bietet einen ausreichenden Puffer vor einer möglichen schwierig zu beherrschenden Deflation. Allerdings ist dieser Puffer aktuell nicht gegeben. Über deutlich steigende Lohnzuwächse könnte die Inflation von ca. 2 % in Deutschland leicht erreicht werden und zusätzlich könnten hierdurch die Löhne der durchschnittlichen Lohnentwicklung im Euroraum stärker angeglichen werden. In vergleichbarer Richtung äußert sind der Chef des Deutschen Instituts für Wirtschaftsforschung, Marcel Fratzscher. Er plädiert für eine kräftige Anhebung der Löhne. Er verweist weiter darauf, dass die Reallöhne von mehr als der Hälfte der deutschen Arbeitnehmer in den vergangenen 15 Jahren nicht gestiegen, sondern gefallen seien. Hierzu haben auch die Hartz IV Regelungen ihren Beitrag geleistet.

Ohne die Hartz IV Regelungen hätte die Abkopplung der Entwicklung der Arbeitnehmer Löhne und Gehälter von den teilweise hohen Gewinnen der Unternehmen nicht so widerstands- und reibungslos erfolgen können. Die Angst vor dem Absturz in Hartz IV macht die

Arbeitnehmerseite so „gefügig" und hemmt insbesondere die Gewerkschaften dabei, deutliche Lohn- und Gehaltsforderungen zu stellen und gegebenenfalls durch Arbeitskämpfe nachdrücklich einzufordern. Die Deregulierung der Arbeitsmärkte nach deutschem Vorbild soll nach den Vorstellungen der Bundesregierung in die Länder der EU „exportiert" werden. Genau dies ist mit den Forderungen nach „Strukturreformen in den Euroländern" und insbesondere in die Krisenländern vorrangig gemeint. Aber schon jetzt haben nicht nur die weiteren Forderungen und die bisherigen Umsetzungen von Gehaltsabsenkungen in den „Krisenstaaten" und dort die tiefen Einschnitte in die Sozialsysteme die Wirtschaftskrise der Eurozone weiter befeuert. Soll dieser Weg so weitergegangen werden? Soll sich Europa „kaputt sparen"? Oder ist die Haushaltskonsolidierung richtig und die Gründe für die Krisen liegen ganz wo anderes, nämlich bei der immer wachsenden Schere zwischen Arm und Reich und somit an der ungleichen Einkommens- und Vermögensverteilungen in Europa und in Deutschland? Der aktuell umgesetzte Mindestlohn in Deutschland ist ein Meilenstein in der Umkehr der Agenda 2010 mit den Hartz IV-Regelungen und damit eine Stärkung der Arbeitnehmer, um die Lohnabsenkungen der Vergangenheit in Zukunft auf breiter Front zu stoppen.

1.2   Wohlstand für alle oder besser Gewinne und hohe Renditen für die Unternehmen und die Kapitalseite?

Eine Studie des Deutschen Instituts für Wirtschaftsforschung in Berlin (DIW) zeigt deutlich auf, dass es hierzulande mit dem Wohlstand für alle „nicht so weit her" ist! In der Euro-Zone gibt es kaum eine andere Nation mit so einem niedrigen Privatvermögen und einer so drastischen Vermögensungleichheit, obwohl in Deutschland die Arbeitslosenquoten im Vergleich zu anderen Ländern gering sind und inzwischen so viele Menschen arbeiten wie seit langem nicht mehr. Die in der Studie genannten Fakten sind ausgesprochen ernüchternd. Deutschland hat zwar relativ hohe Einkommen im Durchschnitt im europäischen Vergleich und eine der höchsten Sparquoten in Europa. Trotzdem haben die Menschen in Deutschland aber auch die geringsten privaten Vermögen. Mehr als ein Viertel der Deutschen besitzt sogar überhaupt kein Vermögen oder lebt auf „Pump" ist verschuldet oder gar überschuldet. Nur etwa jeder Dritte hat ein Eigenheim und nur jeder Zweite hat eine Lebensversicherung abgeschlossen oder einen Bausparvertrag. Vermögend kann man eigentlich nur das obere Drittel der Bevölkerung nennen. Ist es in Ordnung, dass die oberen 10 % der Bevölkerung mehr als 60 % des Vermögens in Deutschland besitzen? Ist es in Ordnung, dass die oberen Gehälter im Schnitt das 6,6-fache der unteren Gehaltsgruppen beträgt? Die große Mehrheit der Deutschen hat keine nennenswerte private Absicherung. Die Ungleichverteilung der Einkommen und des Vermögens führt direkt zu einem hohen Armutsrisiko und einer hohen Armutsquote in einem der „reichsten Länder". Aus niedrigen Löhnen und Renten für breite Bevölkerungsschichten können nun mal kurzfristig und auch auf lange Sicht für diese Menschen in Deutschland keine „Reichtümer" entstehen.

1.3 Reallöhne sinken seit Jahren und was nun?

Die Reallöhne bleiben leider nicht nur seit Jahren konstant und steigen nicht mehr, sondern sie sinken für breite Bevölkerungsschichten. Dies ist die Konsequenz aus den Hartz IV-Regelungen, den Regelungen zu Leiharbeit, zu Werkverträgen, dem Niedriglohnsektor und dem ruinösen Wettbewerb aus der Freizügigkeit für Arbeitnehmer aus EU-Staaten. Zusätzlich können Unternehmen durch die einfache Verlagerung oder nur durch die Androhung von Verlagerungen von Unternehmensteilen und damit der Wegfall von Arbeitsplätzen ein hohes „Drohpotenzial" aufbauen, das geeignet ist, höhere Lohnforderungen und Lohnabschlüsse zu verhindern. In den letzten Jahren sind seit der Agenda 2010 von Gerhard Schröder Regelungen entstanden, die für eine ausgewogene soziale Marktwirtschaft nicht mehr als konform angesehen werden können. Wie konnte es in der Entwicklung dazu kommen?

Dazu ist ein Blick auf in die Zeit nach der Wiedervereinigung erforderlich. Das Institut Arbeit und Qualifikation (IAQ) der Universität Duisburg-Essen hat zu diesem Thema eine interessante Analyse vorgenommen. Seit der Wiedervereinigung sind die Reallöhne vor allem in Westdeutschland stark gesunken. Im Zeitraum von 1995 bis 2012 sind bei dem „Normalverdiener" die Reallohnstundenlöhne um ca. 9 % gesunken. Bei Besserverdienenden ist es nur ein Minus von gut 2 %. Bei den Niedriglöhnen sind aber Absenkungen bis zu 20 % zu verzeichnen. In Ostdeutschland betragen die Lohnsenkungen ca. 6 %, weil diese von einem geringeren Lohnniveau abgesenkt worden sind. Wie konnte dies passieren?

Große deutsche Firmen lassen nicht mehr in Deutschland, sondern in Ungarn, Polen oder Tschechien und im asiatischen Raum Teile ihrer Produkte fertigen. Hierdurch entstehen erhebliche Kostenvorteile. In diesen Ländern gibt es billige Arbeitskräfte in großer Zahl. Durch diese Entwicklung sehen Industrievertreter in diesem Zeitraum bis zu einer Million Arbeitsplätze als gefährdet an. Der Unternehmensberater Roland Berger schätzte die Situation noch deutlich brisanter ein. Er geht Mitte der neunziger Jahre von einem Verlustpotenzial von 60 % der Arbeitsplätze in der deutschen Wirtschaft aus. Um hier gegenzusteuern bestehen aber Möglichkeiten. Sehr deutlich wird in dieser Zeit Arbeitgeberpräsident Klaus Murmann. Er verlangt als „Rezept gegen die Unternehmensverlagerung" einen „echten" Niedriglohnsektor und er fordert eine klare Absenkung der Lohnzusatzkosten. Ab der Mitte der neunziger Jahre wird in diese Richtung in Deutschland umgesteuert. Ab Mitte der 1990er-Jahre werden die Gehaltszuwächse sukzessive geringer. Real, somit nach Abzug des Inflationsanstiegs, sinken die Bruttostundenlöhne von Millionen Beschäftigten in Deutschland und zwar nachhaltig über viele Jahre. Das belegt die Analyse, die das Institut Arbeit und Qualifikation (IAQ) der Uni Duisburg-Essen erstellt hat.

Dabei wurden die Bruttostundenlöhne und die Zusatzleistungen wie Weihnachts- oder Urlaubsgeld einbezogen. Die Zielsetzung dieser Umsteuerung insgesamt war die Erhaltung vor allem der industriellen Arbeitsplätze im Inland. Ein weiterer Faktor beschleunigte die Lohnabsenkung. Die Arbeitslosigkeit lag bis 2006 bei ca. 10 % und in den ostdeutschen Bundesländern sogar bei bis zu knapp 20 %.

Warum kam es zu solch einem gravierenden Absturz der Einkommen? Die deutsche Industrie hatte nach dem Fall des „Eisernen Vorhangs" die „einzigartige Gelegenheit", die Produktionen insgesamt oder von Unternehmensteilen ins nahe Mittel- und Osteuropa zu verlagern. Hier waren die Gehälter im Verhältnis zu Deutschland dem Hochlohnland „unschlagbar" niedrig, die Ausbildung der Arbeitskräfte dennoch gut. Außerdem schien das Investitionsrisiko überschaubar. Firmen verlagerten ihre Produktionsstätten allein aus Kostengründen ins lohnkosten- günstigere benachbarte Ausland. Noch wichtiger war es für die Unternehmen, dass Manager zunächst nur mit Verlagerung drohen konnten aufgrund der bestehenden Arbeitslosigkeit. Diese Drohkulisse hat die Machtverhältnisse zwischen Gewerkschaften und Arbeitgebern massiv zugunsten der Arbeitgeberseite verschoben. Gewerkschaften und Betriebsräte konnten wählen zwischen Arbeitsplatzverlagerungen und damit Arbeitsplatzverlusten oder Lohnkürzungen. Deshalb waren sie gezwungen, den geforderten Einschnitten der Arbeitgeber nachzugeben und diese hinzunehmen.

Die zeitgleich bestehende recht hohe Arbeitslosigkeit hat die Gewerkschaften in ihrer Handlungsfähigkeit für die Arbeitnehmerseite durch Drohungen von Unternehmensverlagerungen aus Kostengründen gravierend eingeschränkt. Haben Arbeitnehmer um ihren Job Angst und Millionen Arbeitslose suchen teilweise verzweifelt eine Stelle, dann sind diese Menschen zu Zugeständnissen bereit und die Gewerkschaften sind in dieser Situation in ihrem Handlungsspektrum deutlich geschwächt. So konnten viele namhafte deutsche Unternehmen Einschnitte auf der Lohnseite durchsetzen oder Lohnsteigerungen abwehren.

In Westdeutschland waren Arbeitnehmer bis 1990 recht gut vor Lohnkürzungen geschützt. Die meisten Unternehmen gehörten einem Arbeitgeberverband an und sie bezahlten ihre Belegschaft nach den ausgehandelten gültigen Tarifen. Nach der Wiedervereinigung ist die Tarifbindung deshalb zerbrochen, weil viele Unternehmen die Mitgliedschaft in einem Arbeitgeberverband aufgekündigt haben. Hierdurch sank die Tarifbindung nach der Einheit kontinuierlich. In Ostdeutschland war schon direkt nach der Wiedervereinigung nur noch eine geringe Tarifbindung der Arbeitgeberseite vorhanden.

Selbst Flächentarifverträge wurden nach und nach aufgelockert und damit „löchriger". Angesichts der schwierigen wirtschaftlichen Lage in Ostdeutschland akzeptierten dort die Gewerkschafter Öffnungsklauseln in Tarifverträgen, die der Arbeitgeberseite Lohnkürzungen ermöglichten. Diese Entwicklung sprang auch nach und nach auf die Unternehmenslandschaft in Westdeutschland über. Mit Öffnungsklauseln Tarifstandards abzuweichen, wurde zur Normalität. Die Dummen waren die Arbeitnehmer!

Zusätzlich sollten natürlich die Renditen der Unternehmen steigen. Die Kapitalgeber erwarteten permanent steigende Renditen der Unternehmen. Deshalb mussten diese stärker auf Kostensenkungen eingehen, weil Umsatzausweitungen nur begrenzt bei gesättigten Märkten möglich sind. Diese Kostensenkungen konnten insbesondere durch Outsourcing erreicht werden. Bereiche wie IT, Personalverwaltung, Rechnungswesen, Kantinen, Reinigung, Werkschutz, Kundenservice durch Call-Center und Logistik wurden ausgelagert. Die Leistungen wurde nun versucht günstiger „einzukaufen". Zusätzlich wurden Stammbelegschaften durch Leiharbeiter oder durch Dienstleister auf der Basis von Werkvertragsleistungen ersetzt. Aus tariflich ausgehandelter fairer und angemessen bezahlter Arbeit wurden Billigjobs auf breiter Basis! Die politisch Verantwortlichen haben hierzu die Rahmenbedingungen ausgestaltet und umgesetzt. Maßgeblich haben hierzu SPD-Politiker beigetragen. Dies ist sicherlich auch bis 2015 noch ein wichtiger Grund für die schlechten Wahlergebnisse dieser Volkspartei.

Eine weitere Komponente hat sinkende Gehälter noch weiter beschleunigt. Dies sind die Privatisierungen in den Bereichen Postdienstleistungen, Verkehr und der Telekommunikation. Die mit der Privatisierung einhergehende Deregulierung hat sinkende Preise zur Folge gehabt. Allerdings sind nicht nur die Preise gesunken, sondern auch die Gehälter, weil ansonsten keine Gewinne erwirtschaftet worden wären. Im Zuge der Liberalisierung dieser Bereiche hätten verbindliche Branchentarifverträge vereinbart werden müssen. Hier haben die Gewerkschaften die bestehende

Chance zu diesem Zeitpunkt leider nicht genutzt.

Die langjährige Lohnzurückhaltung hat nach Aussagen vieler Vertreter aus Politik und Industrie dazu geführt, dass Arbeitsplätze erhalten werden konnten und neue entstanden sind. Dies muss zum Teil klar bezweifelt werden. Im Vergleich zum Durchschnitt der Euro-Zone sind von Anfang 2000 bis 2010/11 die Zahl der Beschäftigten in Deutschland deutlich langsamer gestiegen als im europäischen Ausland. Somit war die Lohnzurückhaltung in diesem Zeitraum nicht besonders effektiv im Hinblick auf die Schaffung von Arbeitsplätzen. Erst nach der letzten Wirtschaftskrise, die Deutschland durch einen Konsens über Maßnahmen wie Arbeitszeitverkürzungen und Konjunkturunterstützungen zwischen Arbeitgebern und Gewerkschaften im Vergleich zu anderen europäischen Staaten gut meistern konnten, stiegt die Zahl der Arbeitsplätze erneut.
Der von Ludwig Ehrhardt einmal angestrebte Wohlstand für alle hat durch die anhaltende Lohnzurückhaltung eine deutliche Schieflage bekommen. Dies wird vor allem darin deutlich, dass seit 1995 die Arbeitnehmereinkommen aus unselbstständiger Arbeit und damit die Messgröße der Lohnquote nur um 40 % gestiegen sind, während dies im gleichen Zeitraum zur Steigerung der Unternehmens- und Vermögenseinkommen um 75 % geführt hat. Dies ist ein krasses Missverhältnis. In den letzten 15 Jahren ist Deutschland im Vergleich der OECD-Länder ein Land geworden, in dem Niedriglohnbeschäftigung sich am stärksten ausgeweitet hat. Der Anteil der Niedriglöhne ist bei Berechnung und Unterstellung einer

gemeinsamen Niedriglohn-Schwelle für Ost- und Westdeutschland von gut 17 % in 1995 auf gut 23 % in 2010 gestiegen mit weiter massiv steigender Tendenz. Fatal ist weiterhin, dass diese Situation durch die Kombination aus geringen Löhnen, aus der Arbeitsplatzunsicherheit und aus schlechten Arbeitsbedingungen entstanden ist. Besonders hohe Anteile von Geringverdienern finden sich bei Minijobbern mit über 85 %, bei den Leiharbeitskräften von knapp 70 %, bei Jugendlichen im Alter von unter 25 Jahren sind es gut 50 % und natürlich auch bei befristen Arbeitsverhältnissen sind es gut 45 % der Beschäftigten. Die Geringverdiener mussten die größten Reallohnverluste seit 2000 hinnehmen. Ihre Arbeitszeiten sind länger als die der anderen Einkommensgruppen. Die von der Politik versprochenen Durchlässigkeit vom Niedriglohnsektor in besser bezahlte Beschäftigungsverhältnisse ist fehlgeschlagen und nicht gegeben. Es zeigt sind, dass die Durchlässigkeit vom Niedriglohnsektor in besser bezahlte Arbeitsverhältnisse nur äußerst gering ist und wie häufig durch die Politik gefordert und geäußert der Niedriglohnsektor leider nicht zum „Sprungbrett in den Bereich der Normalverdiener" geworden ist. Beschäftigungschancen gering Qualifizierter sind unverändert schlecht. Aber die Arbeitgeber haben ja ausdrücklich 1990 bereits einen Niedriglohnsektor gefordert. Der existiert in vielen Branchen, greift immer weiter um sich und belastet die gesamte Lohnentwicklung für alle Arbeitnehmer.

Mit dem Ausbau des Niedriglohn-Sektors war ursprünglich die Zielsetzung formuliert worden, dass sich die Beschäftigungschancen der gering Qualifizierten hierdurch deutlich verbessern ließen. Diese Erwartungen haben sich in keinster Weise erfüllt! Mehr als 80% der Geringverdiener mit steigender Tendenz haben eine berufliche oder akademische Ausbildung. Klaus Murmann als Arbeitgeberpräsident hat einen echten Niedriglohnsektor gefordert. Dieser ist auch tatsächlich in den letzten Jahren -wie von ihm gewünscht- entstanden. Die Politik hat hierzu die Rahmenbedingungen geschaffen und hat quasi Pate gestanden. Die führenden Entscheidungsträger und Eliten in Deutschland sind davon überzeugt, dass ein deregulierter Arbeitsmarkt am besten funktioniert. Er funktioniert nur für die Arbeitgeberseite, aber nicht für die Arbeitnehmerseite. Weiterhin ist die erhebliche Ausweitung des Niedriglohn-Sektors und die Zunahme der Armut, und die Zunahme des Altersarmut und des Armutsrisikos sozial betrachtet unverantwortlich! In Berlin lebt jedes dritte Kind 2015 in Hartz IV-Verhältnissen! Durch die oben aufgezeigte Entwicklung wird der Anteil derjenigen, die als arm gelten in Deutschland in den kommenden Jahren massiv ansteigen.

In einem der reichsten Länder Europas müssen viele Menschen wöchentlich zur Tafel gehen und um Lebensmittel betteln. Hier muss massiv umgesteuert werden. Leider ist der erforderliche Wille zur Gegensteuerung nur wage und nicht deutlich bei der Politik wahrnehmbar. Der Mindestlohn ist ein richtiger Schritt in einem Hochpreisland wie Deutschland. „Jeder sollte von einem Vollzeitjob angemessen leben können". Das darf aber nicht nur ein Wahlkampf-

Slogan sein, sondern die Rahmenbedingungen müssen von der Politik hierzu umgestaltet werden. Es muss der Vollzeitjob für möglichst viele oder alle Arbeitnehmer wieder zum Normalbeschäftigungsverhältnis werden. Diese Zielsetzung und die Verantwortung für die Umsetzung muss die Politik in den Fokus nehmen. Es müssen insbesondere die Leiharbeit und Werkverträge zu Hungerlöhnen sowie der Niedriglohn-Sektor und die prekären Arbeitsverhältnisse in einem Hochpreisland was Deutschland zweifellos ist, umgehend beseitigt werden!

1.4 Rendite über alles!

Viele Unternehmen sind in den vergangenen Jahren nicht mehr aus eigener Kraft über Gewinne und Gewinn-Thesaurierung gewachsen. Nein, es sind zunehmend Investoren, die sich für deutsche Unternehmen interessieren. Investoren orientieren sich nun mal an der Rendite, die eine Investition von Kapital erzielt. Je höher die Rendite ist, um so attraktiver für die Investoren. Viele institutionelle Investoren, wie beispielsweise Hedgefonds und Pensionsfonds legen das ihnen überlassene Kapital möglichst renditestark an. Gleichermaßen wollen die Investoren nicht nur hohe Gewinnausschüttungen erzielen, sondern der Kurs sollte auch bei börsennotierten Unternehmen steigen, damit Kursgewinne möglichst nachhaltig erzielt werden. Da in vielen Märkten die Marktanteile bereits verteilt sind, lassen sich Rendite-Steigerungen häufig nicht über Umsatzsteigerungen, sondern nur durch Veränderungen der Kostenstrukturen in Unternehmen und durch Kostensenkungen realisiert werden. Dabei stehen die Senkung der Personalkosten, der Sachkosten und hier vor allem auch die Kosten für Vorprodukte durch Einkäufer im Fokus. Für die Mitarbeiter, die Personalkostensparprogramme „überstehen" und ihren Job weiterhin behalten, stehen längere Arbeitszeiten, mehr Stress und Druck durch „Arbeitsverdichtungen" und somit Verschlechterungen der Arbeitsbedingungen sowie der Verzicht auf Lohnsteigerungen oder Lohnkürzungen an. Nicht ohne Grund nehmen die stressbedingten Erkrankungen kontinuierlich in vielen Unternehmen zu. Die „Flucht von Unternehmen aus Arbeitgeberverbänden" führt dazu, dass in diesen Unternehmen keine Tarifbindung mehr besteht. Der sukzessive Einsatz von Leiharbeiter, die Vergabe von Werkverträgen und Minijobs sofern möglich, verdrängen nach und nach die früheren Vollzeitjobs. Die kurzfristige EK-Rendite in Unternehmen wird durch diese angestoßenen Maßnahmen zunächst steigen, ob nachhaltig auch Steigerungen zu erzielen sind, bleibt fraglich. In diesen Unternehmen ist der Arbeitnehmer nur noch ein Produktionsfaktor und eine „Handelsware". Verantwortung für Menschen ist nicht mehr zu erkennen. Die Unternehmenskultur ist auf den maximalen Profit ausgerichtet. Die Höhe der Unternehmensrenditen wird von den Finanzmärkten abgeleitet. Diese haben nur die Regeln für das Kapital im Visier. Generationen von Familien arbeiteten bei „WMF". Das Unternehmen „WMF" im schwäbischen Geislingen galt solange als ein ganz besonders sozialer Arbeitgeber, bis der global Finanzinvestor KKR die Firma aufkaufte. Plötzlich wird umstrukturiert, obwohl das Unternehmen Gewinne erzielt, es werden

Logistikzentren geschlossen und die Anzahl der Produkte wird verkleinert. Die Investoren geben an, dass sie WMF fit für den Weltmarkt machen wollen. Das ist wohl nur nachvollziehbar in der Logik des Geldes. Die menschliche Bilanz ist fatal, ein paar hundert Arbeitsplätze weniger. Warum, sicherlich nur wegen der Rendite! Hier ist die Politik gefordert. Sind der Politik die Investoren oder die Menschen in den Unternehmen wichtiger? WMF war ein gesundes Unternehmen mit einem angemessenen Gewinn. Aber auch ein Unternehmen in dem soziale Verantwortung einen hohen Stellenwert hatte. Dieses Unternehmen wird durch den Einstieg von KKR „fit gemacht für den Weltmarkt". Nein, hier ist entschieden zu widersprechen. WMF als Beispielunternehmen dient nur dazu, eine hohe Rendite in 4 bis 6 Jahren zu erzielen. Für die KKR-Investoren soll die Rendite verdoppelt werden. Dabei sind viele Arbeitnehmer schlicht weg im Weg. WMF ist ein Unternehmen, dass in seinem Markt erfolgreich ist und auch weiterhin erfolgreich wäre. Die neue Strategie wird von KKR bestimmt. Es soll die Produktvielfalt gestrafft werden und es sollen Logistikzentren geschlossen werden. Die dortigen Arbeitsplätze werden wegfallen und zunächst in Auffanggesellschaften „geschoben". Die Rendite-Vorstellungen der KKR-Investoren aus New York führt mittelfristig zu weniger Beschäftigung in Deutschland. Diese Art von Investoren braucht Deutschland nicht! Die Politik muss hier Rahmenbedingungen schaffen, die diese Entwicklungen unterbinden.

Das Handelsblatt schreibt in seiner Ausgabe vom 27.11.2014. „Ein neuer Börsencrash, ertragsschwache Banken und der immer stärker wachsende Schattenbankensektor sind nach Ansicht der EZB die größten Risiken für die Stabilität des Finanzsystems in der Währungsunion." Und weiter heißt es: „Doch unter der ruhigen Oberfläche schlummern der EZB zufolge enorme Risiken gepaart mit der schwachen Konjunkturentwicklung, der extrem niedrigen Teuerung und hoher Arbeitslosigkeit. Eine besondere Gefahr sieht die EZB in der anhaltenden „Jagd nach Rendite" unter Investoren. Diese Jagd ist nicht zuletzt eine Folge der Niedrigzinspolitik aller großen Notenbanken." Eine Regulierung der Möglichkeiten von Unternehmenskäufen ist unverzichtbar, wenn nicht sukzessive soziale Standards in Deutschland dem wie oben angestoßenen Trend der mittel- und langfristigen Deindustrialisierung geopfert wird, wenn sich der Nationalstaat oder die EU nicht in der Lage zu wirkungsvollen Regulierungen sieht. Dazu sind Kapitaltransfers zu regulieren oder die Beteiligungen an Unternehmen mit Auflagen zu versehen. Ob dazu das geplante TIPP-Abkommen passen würde ist zusätzlich fraglich. Auch dieses Abkommen wird keine Arbeitsplätze schaffen, sondern eventuell zum Gegenteil beitragen.

1.5   Vorstandsgehälter sind auf dem Vormarsch!

Vorstandsgehälter kennen bei der Entwicklung in der Regel nur eine Richtung. Richtig, nämlich nur nach oben! Die Gehälter vieler Unternehmenslenker resultieren nicht aus dem was sie leisten, sondern welche Gewinne die Unternehmen erzielen. Teilweise werden sogar Zuwächse der Gehälter bei Vorständen auch bei sinkenden Gewinnen gezahlt. Die Gewinne werden nicht von den Vorständen, sondern maßgeblich von den Angestellten, Facharbeitern, Ingenieuren und den mittleren Führungskräften erzielt. Diese Arbeitnehmer werden maximal nach Tarif bezahlt. Die Partizipation an der Gewinnentwicklung der Unternehmen gibt es für „Normal-Beschäftigte" und mittlere Führungskräfte in den meisten Unternehmen schon lange nicht mehr. Denn nur durch diese Abkopplung der Gehälter der „Normal-Beschäftigten" von dem Zuwachs der Produktivität, die auch in Gewinnsteigerungen ablesbar ist, den teilweise „satten" Gewinnen und der hervorragenden Renditen, die erzielt werden, lässt die Schere zwischen „Normal-Beschäftigen" und den Top-Managern und Unternehmenslenker immer weiter auseinander gehen. Kann es sein, dass ein Unternehmenslenker im Durchschnitt das 53-fache eines Normalgehaltes tatsächlich verdient oder ist dies nur eine unverschämte, zum Himmel schreiende Ungerechtigkeit? Die DSW Vorstandsvergütungsstudie der TU München zeigt für 2013 dass erneut die Volkswagen AG wie schon in den vergangenen drei Jahren mit Abstand an der Spitze des Feldes lag. Im Schnitt zahlte der Autobauer pro Vorstand (inklusive Vorstandsvorsitzendem) gut 7,1 Millionen Euro nach knapp 6,8 Millionen Euro im Vorjahr. Im Durchschnitt aller 30 DAX-Gesellschaften lag der Verdienst pro Vorstand mit 3,3 Millionen Euro leicht über dem Vorjahreswert von 3,2 Millionen Euro. Bei den Vorstandsvorsitzenden verteidigte VW-Chef Martin Winterkorn mit einem Jahressalär von 15 Millionen Euro seinen Spitzenplatz fast schon erwartungsgemäß souverän. Die

Vorstandsgehälter in Deutschland wachsen zudem wieder schneller. In 2013 stieg die Vergütung der Vorstände der DAX 30 Unternehmen im Schnitt um 4 Prozent. Im Jahr zuvor waren es lediglich 2,5 Prozent. Dieser Anstieg ist zwar vergleichsweise moderat, allerdings geht damit die Schere zwischen den normalen Arbeitseinkommen und den Vorstandsgehältern noch weiter auf. Die Nominallöhne sind in Deutschland in 2013 nur um 1,4 Prozent gewachsen. Mit 3,3 Millionen Euro Jahresgehalt verdient ein DAX-Vorstand im Mittel das 53-fache des Durchschnittsgehalts eines DAX-Angestellten.

Der Anstieg bei den Vergütungen der Top-Managern ist deshalb besonders erstaunlich, weil gleichzeitig die Umsätze und die Gewinne der DAX 30-Unternehmen leicht zurückgegangen sind. Offenbar ist die Entwicklung der Vorstandsgehälter weniger leistungsorientiert als vielfach kommuniziert und unterstellt wird. Das kann man auch bei einem Blick auf die einzelnen Komponenten der Vergütung erkennen. Besonders die Fix-Vergütungen gehen nach oben. Hier beträgt der Anstieg 7,2 Prozent und damit deutlich mehr als bei den variablen und leistungsorientierten Vergütungs-komponenten.

Damit setzt sich ein bedenklicher Trend fort, den man bereits im Vorjahr beobachten konnte: Variable Vergütungskomponenten werden zunehmend durch fixe Gehaltsbestandteile ersetzt. Damit bleiben die Vorstandsgehälter auch dann auf einem sehr hohen Niveau, wenn die wirtschaftliche Entwicklung der Unternehmen das Niveau nicht rechtfertigen kann.

Die Angestellten und mittleren Führungskräfte können dabei nur das

Gefühl haben, von den Geschäftsleitungen der Unternehmen massiv ausgebeutet zu werden! Gerechtigkeit im Vergütungskontext vieler DAX und MDAX Unternehmen - leider Fehlanzeige! Dies wird weiterhin die gesellschaftliche Akzeptanz von hohen Vorstandsvergütungen belasten und die Unternehmen sollten hier nachhaltig gegensteuern. Insbesondere sind in dieser Thematik Hauptversammlungen und die Aufsichtsräte gefordert. Fraglich ist dabei, ob diese Vergütungslimitierungen für Vorstände oder niedrigere Gehälter für diese Zielgruppe überhaupt begrüßen würden. Häufig wird argumentiert, dass nur durch hohe Gehälter auch Spitzenmanager gewonnen werden können. Damit wird versucht die Diskussion und die gesellschaftliche Nichtakzeptanz von hohen und höchsten Vorstandsvergütungen zu besänftigen oder gänzlich abzuwürgen.

1.6 Exportweltmeister versus Inlandsnachfrage wovon profitiert der Wohlstand?

Deutschland hat in 2013 in Euro gerechnet mit rund 200 Milliarden einen Rekordüberschuss in der Leistungsbilanz erzielt. Das entspricht 7,3 Prozent des Bruttoinlandsproduktes. In 2014 sollten die Überschüsse auf 7,4 Prozent steigen. Die EU-Kommission stuft generell Werte von mehr als sechs Prozent auf Dauer als stabilitäts-gefährdend ein. Deshalb beobachtet die EU-Kommission seit einiger Zeit die deutschen Überschüsse genauer. Auch das US-Finanzministerium sieht durch sie die Stabilität in Europa und der globalen Wirtschaft als gefährdet an. Kritiker sehen durch die

Exportüberschüsse wesentliche Gründe für die Entstehung von großen Ungleichgewichten in Europa und in der Weltwirtschaft. Den Ländern mit Exportüberschüssen stehen in anderen Ländern erhebliche Defizite gegenüber. Hier würden Importe über Schulden finanziert und dies beschleunigt die Verschuldung dieser Staaten deutlich. Hierdurch würden weiterhin hohe Kapitalströme zur Finanzierungen der Überschüsse fließen, die ebenfalls zu wirtschaftlichen Verwerfungen führen könnten. Die von der Politik „bejubelten" Exportüberschüsse kommen nur den Unternehmensgewinnen zugute. Nur der Führungselite und damit den Top-Managern sind aufgrund der Überschüsse im Exportgeschäft Gehaltssteigerungen sicher.

Die übrigen Beschäftigten sollten froh sein, dass sie ihre Beschäftigung weiter absichern und es nicht zu einem weiteren Stellenabbau kommt, um die Wettbewerbsfähigkeit für die Weltmärkte durch Verlagerung von Unternehmensteilen ins Ausland oder durch weitere Straffungen der Unternehmensprozesse zu erreichen. Die hohen Exportüberschüsse sind für den Wohlstand des Großteil der Beschäftigten in den Unternehmen nicht förderlich. Deutschland steht zwar wirtschaftlich gut da - vor allem der Export boomt. Genau das wird im In- und Ausland aber zunehmend kritisiert. Mit der These: Die Wettbewerbsfähigkeit der deutschen Industrie ist dadurch erkauft, das die Löhne der Arbeitnehmer zu niedrig sind. Die deutsche Politik muss diese Kritik für die Bewertung der Exportüberschüsse einbeziehen und sich damit nachhaltig auseinandersetzten. Exportüberschüsse sind nicht zu bejubeln, sondern es sind Maßnahmen zu ergreifen, diese zu reduzieren.

2.   Konsumquoten, Sparquoten und Investitionsquoten

2.1   Konsumquoten

Die Konsumquote bezeichnet den Anteil, den die Konsumausgaben am verfügbaren Einkommen der privaten Haushalte ausmachen. Ein privater Haushalt kann sein Einkommen unterschiedlich ausgeben. Er kann ihn für den Kauf von Gütern verwenden als Konsumausgaben oder auf Konsum verzichten und Sparen. Dies wäre die Sparquote. Die Spartätigkeit bzw. der Konsumverzicht führt gleichzeitig zur Kapitalbildung. Die Konsumquote ist eine wichtige Komponente für das Wirtschaftswachstum. Geringverdiener können leider nur wenig Geld konsumieren. Sollten diese mehr Geld zur Verfügung haben, so werden sie es in einem hohen Umfang direkt ausgeben für private Wünsche.

Reiche hingegen werden viel mehr sparen und weniger damit direkt zum Wirtschaftswachstum beitragen. Deshalb sei an dieser Stelle schon darauf hingewiesen, dass eine hohe Ungleichheit der Einkommens- und Vermögensentwicklung dem Wirtschaftswachstum diametral entgegen steht. Reiche sparen viel mehr und geben somit deutlich weniger Geld in den Geldkreislauf hinein.

Eine angemessene Umverteilung von Reich zu Arm könnte Wachstumsimpulse freisetzen ebenso wie dies voraussichtlich für die Einführung eines Mindestlohn prognostiziert wird. Die behutsame Einführung eines Mindestlohns wird somit nach Aussagen der wirtschaftswissenschaftlichen   Forschung   keine   negativen

Auswirkungen auf die Beschäftigungssituation haben. Die Entwicklungen bis Mitte 2015 bestätigen genau diesen Effekt. Die Konsumquoten sind in der Regel abhängig vom Einkommen. Die nachfolgende Grafik zeigt dies eindrucksvoll. Die hieraus ableitbare Konsumquote verändert sich nur marginal im Hinblick auf ihre Aktualisierung bis heute.

Quelle: Statistisches Bundesamt 2008

2.2   Sparquoten

Die Sparanstrengungen und damit die Sparquote der Deutschen sinkt. Hierfür sind diverse Gründe verantwortlich. Niedrige Zinsen führen dazu, dass viele Deutschen die geringen Zinserträge nicht als angemessen ansehen, um weiterhin zu Sparen. Es lohnt sich einfach nicht mehr! Außerdem kann es sein, dass insbesondere die jüngere Generation einfach weniger sparsam ist. Anfang 1990 lag die Sparquote noch bei ca. 13 %. In 2013 ist sie auf 10 % gesunken. Die Deutschen „entsparen". Ursachen gibt es hierfür viele. Die Jüngeren geben ihr Geld eher für Reisen, Ausgehen und Technik aus als die ältere Generation. Dies ist ein Wandel im Sparverhalten gegenüber der älteren Generation. Andere vermuten, die Erklärung habe mit der Inflation zu tun. Viele realisieren lieber Wünsche in der Gegenwart, weil sie Angst davor haben, dass die Inflation die geringen Zinserträge einfach auffrisst und die Sparguthaben nach und nach an Wert verlieren. In dieser Situation bekommt der Konsum einen höheren Stellenwert. Er dient dazu der Geldentwertung durch die Inflation, die teilweise über den Zinserträgen liegt, durch den Kauf von Gütern zu entkommen. Hierdurch wird die Konsumquote künstlich gesteigert. Zusätzlich liegt es an der großen Zahl der Geringverdiener und der prekären Arbeitseinkommen, dass die Sparquote auf 10 % in 2013 gesunken ist. Es kommt schlicht aufs Gehalt an! Geringverdiener können es sich oft schlicht nicht leisten, Geld zurückzulegen. Selbst wenn deren Gehalt steigen würde, stecken sie es meistens in nötige Anschaffungen und sparen nur relativ wenig. Reiche hingegen können mehr sparen und tun dies auch. Für ein steigendes Wirtschaftswachstum und damit einhergehend ist eine maßvolle Umverteilung von Reich zur Mittelschicht und weiter dringend erforderlich. Möglicherweise wäre auch das Stopfen von Steuerschlupflöchern für Reiche hilfreich und insbesondere das Stopfen der Schlupflöcher für die Unternehmensgewinne durch unternehmensinterne Gewinnverschiebungen. Damit könnte der Staat die Steuereinnahmen erheblich steigern und der Staat könnte an Handlungsfähigkeit wieder deutlich gewinnen, um Maßnahmen einzuleiten und zu realisieren, die der steigenden Ungleichverteilung von Einkommen und Vermögen entgegen wirken kann, um daraus weitere Wachstumsimpulse für Deutschland abzuleiten.

2.3 Investitionsquoten

National wie international wird die Investitionsquote, die in Deutschland als Bruttoanlageinvestitionen im Verhältnis zum Bruttoinlandsprodukt ermittelt wird, als zu niedrig kritisiert. Diverse Forderungen werden nach einer deutlichen Ausweitung der privaten und öffentlichen Investitionen im Inland gestellt, um die bestehende Investitionslücke zu schließen. Um die Investitionsschwäche zu beheben, wird gefordert, die Investitionen deutlich auszuweiten.

Investitionen sind für die mittel- und längerfristigen Wachstumschancen einer Volkswirtschaft ein maßgeblicher Erfolgsfaktor. Dies gilt sowohl für die öffentlichen als auch für die privaten Investitionen. Daher ist es wichtig, dass die Finanz- und Wirtschaftspolitik darauf abzielt, zunächst die Rahmenbedingungen für die Investitionstätigkeit der Unternehmen in Deutschland zu verbessern. Solide Staatsfinanzen tragen zu soliden Haushalten bei. Diese sind neben der aktuellen Niedrigzinsphase auch geeignet, auf Dauer niedrige Zinsen und damit auch die günstigen Finanzierungskonditionen der Unternehmen abzusichern. Diese schaffen so zusätzlichen Spielraum für private Investitionen.

Die Auslastung von Maschinen und Anlagen in der Industrie konnten sich zuletzt wieder stabilisieren. Dies könnte zur Folge haben, dass eine Steigerung der privaten Investitionen erfolgt. Die Wohnungsbauinvestitionen zeigen gegenwärtig eine deutlich aufwärts gerichtete Entwicklung. Als Folge der starken internationalen Verflechtung der deutschen Industrie ist mit der Ausweitung der Investitionstätigkeit in Deutschland üblicherweise eine deutliche Zunahme der Importe verbunden, da viele Produkte für die Investitionen importiert werden. Dies könnte wiederum dämpfend auf den deutschen Leistungsbilanzüberschuss wirken. Dies wäre zu begrüßen, weil die deutschen Exportüberschüsse hierdurch abgebaut werden könnten.

Bei öffentlichen Investitionen müssen die Haushaltskonsolidierung sowie die fiskalischen Regelungen beachtet werden. Die öffentlichen Investitionen sollten aktuell insbesondere auf den Feldern Bildung, Forschung und Verkehrsinfrastruktur erfolgen. Hierdurch würde das Wirtschaftswachstum zusätzlich gestärkt und es würde auch durch diese inländischen öffentlichen Investitionen gleichermaßen die Dämpfung der Leistungsbilanzüberschüsse im Export vorangetrieben.

3. Wohlstand für alle nur eine Vision oder schon Realität?

3.1 Wie weit hat sich Deutschland schon von der Sozialen Marktwirtschaft entfernt?

Deutschland hat sich durch die Agenda 2010 von Gerhard Schröder deutlich von der sozialen Marktwirtschaft entfernt. Ludwig Erhard hatte die soziale Marktwirtschaft als Erfolgsmodel angesehen und in wesentlichen Teilen wurde dieses Erfolgsmodel auch umgesetzt. Wenn davon ausgegangen wurde, dass der Markt in seinen Ergebnissen automatisch auch soziale Komponenten beinhalten würde, dann kann das nur solange Bedeutung haben, wie die Marktteilnehmer und insbesondere die Unternehmen sich fair und nicht wie im Manchester-Kapitalismus verhalten. Die Globalisierung muss immer wieder als Rechtfertigung herhalten, dass Arbeitsmarktreformen erforderlich sind. Die sozialen Standards, die sozialen Errungenschaften und damit die bestehenden Regulierungen vor Hartz IV auf dem deutschen Arbeitsmarkt konnten angeblich nicht weiter finanziert und aufrecht erhalten werden. In diesem Sinne äußerte sich die Regierung unter Kanzler Schröder. Kein Arbeitsloser sollte es sich in der „sozialen Hängematte" bequem machen können.

Ab 2005 sind die Hartz IV Regelungen als einer der gravierensten Einschnitte in das deutsche Sozialsystem in Kraft getreten. Es waren Rot-Grün, die diese Arbeitsmarkt-Reformen umgesetzt haben und damit die Möglichkeit des „Abstürzens" von gut qualifizierten Ingenieuren ebenso möglich machten wie das „Abstürzen in Hartz IV" desjenigen ohne jeden Bildungsabschluss. Durch Hartz IV mit dem Zusammenlegen von Arbeitslosenhilfe und Sozialhilfe, durch Leiharbeit, Werkverträge, Minijobs, durch Lohndumping wegen fehlender Mindestlohnregelung und durch Ein-Euro-Jobs und die Androhung von Unternehmensverlagerungen sind allerdings nicht wie beabsichtigt, zunehmend gering Qualifizierte in neue Jobs vermittelt worden, sondern der Arbeitsmarkt ist völlig dereguliert worden. Für die Arbeitnehmerseite ist der Arbeitsmarkt viel risikoreicher geworden. Die Unternehmer haben ausschließlich von diesen Regelungen profitiert und ihre Gewinne in vielen Fällen deutlich steigern können.

Die Globalisierung hat für Arbeitnehmer nicht die immer wieder von der Politik prognostizierten Vorteile gebracht. Nein, ganz im Gegenteil sind Sozialstandards in Deutschland mit dem Argument der Globalisierung und der erforderlichen Wettbewerbsfähigkeit auf den Weltmärkten abgebaut worden. Die Unternehmerseite freut sich!

Dieser Trend wird endlich durch die Einführung des gesetzlichen Mindestlohns begrenzt und möglicherweise gestoppt. Lohn-Verfall und Lohndumping wird durch den Mindestlohn aufgehalten und nach unten hin begrenzt. Dies wird aber nur erreicht, wenn Tricksereien beim Mindestlohn konsequent bekämpft werden. Die Unternehmer lamentieren, dass diese Regelungen Arbeitsplätze kosten können. Sehr wahrscheinlich wird dies nicht eintreten. Dabei ist ein Mindestlohn von 8,50 € nicht angemessen, wenn hieraus nur eine Rente nach 45 Arbeitsjahren aufgebaut werden kann, die auf Hartz IV Niveau liegt. Da besteht ein offensichtlicher gravierender Systemfehler!

Hier muss nachgebessert werden, damit eine auskömmliche Rente nach 45 Jahren der Betragszahlungen auch an die Rentner ausgezahlt wird und es darf hierdurch keine Altersarmut entsteht. Dabei müssen insbesondere die versicherungsfremden Leistungen der Rentenkassen hinterfragt werden, die aus der Rentenkasse abgezweigt werden. Die Beiträge der Arbeitnehmer werden zu einem hohen Prozentsatz zweckentfremdet. Das ganze „Gerede" über die Rentenversicherung würde gar nicht erforderlich sein, wenn diese Zweckentfremdung beendet würde. Es würde auch das Gerede entfallen, dass die Jungen durch die Alten ungerecht belastet würden.

An dieser Stelle ist ein Exkurs zur Finanzierungssituation der Rentenkasse erforderlich.

Der Griff der Politiker in die Rentenkasse hat eine lange Tradition. Seit 1957 werden immer wieder gesellschaftliche Aufgaben aus der Rentenkasse finanziert. In der Regel sind es Maßnahmen zum sozialen Ausgleich. Beispiele hierfür sind insbesondere Kriegsfolgelasten, Zahlungen als Ausgleich für SED-Unrecht, Hinterbliebenen-Renten, Fremdrenten - etwa für Aussiedler - Anrechnungszeiten bei Krankheit oder Arbeitslosigkeit, die Anerkennung von Erziehungszeiten sowie abschlagsfreie Renten vor 65. Diesen Leistungen stehen keine Beitragszahlungen gegenüber. Allerdings erhält die Renten-Versicherung dafür Ausgleichszahlungen aus Bundesmitteln. Zurzeit sind dies rund 80 Milliarden Euro. Die reichen laut Bundesministerium für Arbeit und Soziales aus, die Ausgaben der Rentenversicherung für die sogenannten versicherungsfremden Leistungen in etwa auszugleichen. Hier fehlt eine genaue Angabe, die das „in etwa" erläutert und es fehlt leider die erforderliche exakte für jeden nachvollziehbare Transparenz. Nicht ohne Grund wird in diesem Zusammenhang Otto Teufel genannt. Er ist Mitgründer der Aktion Demokratische Gemeinschaft. Diese Organisation setzt sich seit vielen Jahren für eine von allen Bürgern getragene Alterssicherung ein. Herr Teufel bestreitet, dass die Zahlungen des Bundes ausreichen. Nach seiner sogenannten „Teufel-Liste" summieren sich die Fehlbeträge in den Rentenkassen trotz des Ausgleichs durch die Bundeszuschüsse seit 1957 auf über 680 Milliarden Euro als zusätzliche Belastung der Rentenkassen. Es sind alles gesellschaftlich erforderliche Ausgaben. Aber der Bund müsste diese Ausgaben erstatten und zwar in vollem Umfang. Dies erfolgt eben nicht!

Otto Teufel fordert seit Jahren mehr Transparenz und eine klare Definition und Offenlegung der sogenannten versicherungsfremden Leistungen. Aber gerade diejenigen, die hierüber entscheiden müssen, haben nur wenig Interesse an der erforderlichen Transparenz. Sie sind klare Nutznießer des gegenwärtigen Systems. Es sind dies insbesondere die Politiker, die Beamten und Richter. Sie alle leisten keine Beiträge in die Rentenversicherung und werden durch die Belastung der Rentenkassen mit versicherungsfremden Leistungen von Ausgaben entlastet. Hierzu kann die abschlagsfreie Rente für langjährig Beschäftigte sowie die Verbesserungen bei der Anrechnung von Erziehungszeiten für Kinder, die vor 1992 geboren wurden gut als neues Beispiel dienen. Die Äußerungen von Andrea Nahles als Bundesministerin für Arbeit und Soziales „Wir wollen deutlich machen mit diesem Gesetzespaket, dass wir die Leistungen von Menschen anerkennen, die Erziehungsleistungen, aber auch die, die viele jahrzehntelang hart gearbeitet haben und deswegen sagen wir, das ist nicht geschenkt, sondern verdient". Die Kosten für diese „Wohltaten" werden bis auf Weiteres aus den Beitragsleistungen, die in die Rentenkasse eingeflossen sind, finanziert. Hierzu kann nur der Kommentar passen, problematisch!!

Die Schätzungen der Deutsche Rentenversicherung sind, dass das Rentenpaket bis ca. 2030 zu einer Ausgabenerhöhung von ca. 160 Milliarden Euro führen dürfte. Durch Steuermittel werden von diesen 160 Milliarden nur ca. 24-25 Milliarden abgedeckt. Der Differenzbetrag wird nicht nur durch die Beitragszahler, sondern voraussichtlich auch in erheblichem Maße durch gedämpfte Rentenerhöhungen gegenfinanziert. Hierdurch wird zusätzlich auch das Rentenniveau weiter abgesenkt. Alle Mehrausgaben der Rentenversicherung führen automatisch zu geringeren Rentenerhöhungen.

Die Deutsche Rentenversicherung rechnet mit einem Absinken der „Netto-Standardrente" von ca. 1,6 Prozent. Alle Rentner, die von dem Rentenpaket der abschlagsfreien Rente für langjährig Beschäftigte sowie von den Verbesserungen bei der Anrechnung von Erziehungszeiten für Kinder, die vor 1992 geboren wurden nicht profitieren, müssen künftig mit geringeren Rentenerhöhungen auskommen. Ein Beispiel soll diesen Sachverhalt verdeutlichen. K. Müller beispielsweise hat im Moment 845 Euro. Seine nächste Rentenerhöhung wird schätzungsweise um rund elf Euro geringer ausfallen. Der langjährige Vorsitzende des Sozialbeirats und ein Fachmann auf dem Gebiet der Finanzen der Rentenkasse, Professor Winfried Schmähl, kritisiert die einseitigen Belastungen der gesetzlich Versicherten. Würden die versicherungsfremden Leistungen wirklich aus Steuermitteln in vollem Umfang der Rentenkasse erstattet, wie vorgesehen, würden die frei werdenden Mittel ausreichen, auch künftig ein angemessenes Rentenniveau zu sichern. Dies wäre möglich, ohne dass die Beiträge massiv steigen müssten. Das Beispiel der steuerfinanzierten Hinterbliebenen-Rente würde die Beitragszahler um 3,5 bis fünf Beitragspunkte entlasten. Statt des aktuellen Beitragssatzes von rund 19 Prozent würden zur Finanzierung der Renten ein Beitrag zwischen 15,5% und 14% ausreichend sein.

Würden die versicherungsfremden Leistungen aus der Rentenkasse durch den Staat und damit steuerfinanziert in vollem Umfang ausgeglichen, könnte dies die Finanzierung der Renten aus dem Rententopf deutlich entlasten. Es könnte das gesetzliche Rentenversicherungssystem auf seine ursprüngliche Funktion hin ausgerichtet werden. Die Renten könnten tatsächlich Lohnersatz in angemessener Höhe sein. Dies würde der drohenden Altersarmut für viele vorbeugen. Und die Rente könnte wieder als „sicher" bezeichnet werden. Aktuell aber werden leider die Generationen „gegeneinander aufgebracht". Da das Geld aus den Rentenkassen für versicherungsfremde Leistungen nicht mehr zur Verfügung steht, wird das gesamte Rentensystem ausgehebelt. Nur durch ein klares Umsteuern könnte die ganze Rentenpolitik auf eine neue gesunde Basis gestellt werden, wenn die Ausgaben für versicherungsfremde Leistungen in voller Höhe tatsächlich erstattet würde und das gesetzliche Rentensystem politisch nicht länger schlecht gemacht würden.

Deutschland hat sich von der sozialen Marktwirtschaft entfernt. Vor allem sind die Profit-/ Rendite-Zielsetzungen vieler Unternehmen nicht mit der sozialen Komponente und mit dem „Sozialpakt" zwischen Arbeitnehmern und Unternehmen in der Marktwirtschaft kompatibel. Hier müssen die Ziele korrigiert werden. Investoren müssten die Rendite-Vorstellungen nach unten bewegen und der Konsens zwischen Unternehmenszielen nämlich Gewinn zu erwirtschaften auf der einen Seite und auskömmliche und faire Löhne auf der anderen Seite zu zahlen sowie die angemessene Beteiligung an den erwirtschafteten Gewinnen muss wieder hergestellt werden. Dann wird auch die Arbeitnehmerseite und damit jeder einzelne Arbeitnehmer sich zukünftig mit hohem Einsatz für das Unternehmen und seine Kunden engagieren. Haben aber Arbeitnehmer das Gefühl, sie werden von der Unternehmerseite nur „ausgebeutet und vor allem nicht als diejenigen wertgeschätzt, die die Gewinne maßgeblich erwirtschaften", dann sind innere Kündigungen, Burnouts, Illoyalität und „Dienst nach Vorschrift" eine natürliche folgende Konsequenz. Überraschend für die Unternehmerseite dürfte dies nur dann sein, wenn sie nur wenige Kenntnisse über Mitarbeiterführung und Motivation von Arbeitnehmern hat. In vielen Führungsetagen fehlen diese Kenntnisse. Zusätzlich ist leider eine weitere Entsolidarisierung zwischen den „Reichen" und den „Schwachen" in der deutschen Gesellschaft zu beobachten. Der „Kitt" der Gesellschaft verschwindet zunehmend. Der Zusammenhalt in der Gesellschaft weicht immer stärker einer zunehmenden Konkurrenz und einem Wettbewerb. Die gesamte Gesellschaft und der einzelne wird immer stärker im privaten und beruflichen Umfeld ökonomisiert. Macht dies glücklich? In den Ländern Schweden, Norwegen und Dänemark sind die höchsten Steuern für Gutverdienende und Reiche zu zahlen. Aber diese zahlen sie gern, weil sie damit den Zusammenhalt in der Gesellschaft stärken und die Ungleichheiten absenken. Deutschland dagegen ist auf dem Wege hohe Einkommens- und Vermögensungleichheiten noch zu verstärken, weil die Umverteilung, die in Deutschland erfolgt, nicht die sozial Schwachen als Zielgruppe wirklich erreicht, sondern eher den sozial Stärkeren nutzt.

Nur durch eine stärkere zielgenaue Umverteilung (an die sozial Schwachen) über Steuern lässt sich eine größere Gleichheit herstellen. Zusätzlich müssen nicht nur so gerade auskömmliche Löhne gezahlt werden, sondern gute Löhne. Deutschland ist bereits ein Land mit einer hohen staatlichen Umverteilung. Leider fehlt es an der erforderlichen Zielgenauigkeit. Die Rentenreform, das Kindergeld, das Ehegattensplitting und viele andere Maßnahmen des deutschen Staates sind kostspielig, aber sie nützen tendenziell eher den sozial Stärkeren. Eine überfällige Steuerreform sollte vor allem auf mehr Steuergerechtigkeit abzielen. Es gibt weiterhin überhaupt keinen gerechtfertigten Grund, wieso die Abgeltungsteuer auf Vermögenseinkommen maximal 25 Prozent beträgt, der Spitzensteuersatz auf Arbeitseinkommen jedoch bei 42 Prozent liegt. Dies ist für alle Arbeitseinkommensbezieher extrem ungerecht!

3.2   Was ist Wohlstand?

Für jeden in einer Gesellschaft hat Wohlstand sicherlich unterschiedliche Bezugspunkte. Im ökonomischen Sinn wird der materielle Wohlstand eines Landes über das Bruttoinlandsprodukt pro Kopf oder das Pro-Kopf-Einkommen gemessen und verglichen. Der Grad der Versorgung von Personen, privaten Haushalten oder der gesamten Gesellschaft mit der Menge aller Gütern und Dienstleistungen. Im weiteren Sinne wird aber auch darüber hinaus das persönliche Wohlbefinden des einzelnen Menschen im Sinne von Lebensqualität verstanden. Der materielle Wohlstand wird häufig ergänzt um die allgemeinen Lebensbedingungen und vor allem um soziale Kriterien. Dies können angemessen entlohnte Arbeit, saubere Umwelt sowie die Beteiligung an politischen Entscheidungen oder persönliches Wohlbefinden des Einzelnen sein.

Für den Einzelnen in einer Gesellschaft kann Wohlstand aber auch ganz individuell gefasst sein. Es kann Sicherheit sein, Sicherheit des Arbeitsplatzes, keine Armut, angemessenes Einkommen und Vermögen, Rechtsstaatlichkeit, Solidarität in der Gesellschaft, gegenseitige Hilfe, die von der Hilfe und Solidarität in der Familie, der Nachbarschaftshilfe bis zur Hilfe unter Kollegen, in Teams und gegenseitiger Hilfe und Unterstützung von Unternehmen zu Unternehmen reicht sowie ein positives Miteinander in der Gesellschaft, ein entsprechendes Betriebsklima sowie ein gutes Klima im Familien- und Freundeskreis. Gleichzeitig sind viele Faktoren dabei, die die Menschen auch glücklich machen können.

Die Aufzählung der einzelnen Aspekte erhebt keinen Anspruch auf Vollständigkeit.

Ganz sicher ist Wohlstand in Deutschland aber nicht, dass wir einen Niedriglohnsektor haben, in dem sich ca. 25 % der Arbeitnehmer befinden, dass es bis Anfang 2015 keinen gesetzlichen Mindestlohn gibt und Unternehmen diesen umgehen wollen, dass tausende jede Woche bei einer Tafel um Essen betteln müssen und viele nicht mehr am gesellschaftlichen Leben aufgrund von fehlendem Geld teilhaben können. Viele können nicht ins Kino gehen, ins Theater oder Sportveranstaltungen besuchen. Und manche können sich einfach einen Schwimmbadbesuch für eine 4-köpfige Familie leider nicht leisten, weil sie ansonsten zu wenig zum Essen haben oder nicht ausreichend im Winter heizen können und dass viele alleinerziehende Mütter und Väter in Hartz-IV sind und hierdurch nicht nur finanziell schwach sind, sondern in der Gesellschaft als faul, „selbstverschuldet dort gelandet" und quasi als „gesellschaftlichen Abschaum und Schmarotzer" ausgegrenzt werden.

Die „Geiz-Ist-Geil-Mentalität" ist fatal! Sie führt zu einem „Gegeneinander" von Menschen, von Jung gegen Alt von Reich gegen Arm und zu keinem Miteinander, obwohl Menschen in der Regel Gemeinschaftswesen sind. Jeder versucht seinen Vorteil zu ergattern auf Kosten anderer Menschen. Häufig sind dies finanziell Schwächere. Dies führt zu einer „Ellenbogengesellschaft" und zu teilweise ruinösem Wettbewerb untereinander. Jede Solidarität kommt so abhanden. Der dem es nicht gut geht soll selbst sehen wo er bleibt. Der Schwächere wird negativ abgestempelt, es wird ihm nicht oder nicht angemessen geholfen. Nein, er wird stigmatisiert. Empathie bleibt völlig auf der Strecke! Der Zusammenhalt der Gesellschaft zerbröselt. Vergleichbar ist dies mit einer Sandburg. Durch Feuchtigkeit klebt der Sand zusammen. Nachdem er ausgetrocknet ist, zerbröselt nach und nach die Sandburg in die einzelnen Sandkörner und zerfällt.

3.3 Was ist Wohlstand für alle in Deutschland?

Für alle heißt für alle und nicht nur für einige! Kinder in einer Familie werden in der Regel nicht nach ihren Schulnoten, die mal besser und mal schlechter sind Mittagsessen-Portionen bekommen oder nach ihrem verfügbaren Taschengeld. Nein, hier besteht eine Solidargemeinschaft. Die Mittagsessen-Portion wird nicht nach diesen Kriterien zugeteilt, sondern nach dem Bedarf des Einzelnen! Das Ziel ist, dass alle nach dem Essen satt geworden sind und nicht nur einige Familienmitglieder. Die Gesellschaft in Deutschland besteht aus gut 80 Millionen einzelnen Menschen. Ohne wenn und aber muss die Zielsetzung bestehen für einen Wohlstands-Staat wie Deutschland, dass jeder jeden Tag ohne Probleme satt werden und ein Leben mit einer umfangreichen Teilhabe am gesellschaftlichen Leben führen kann. Dies gilt für alle Kinder und Jugendlichen, für alle einkommens- und vermögensschwachen Erwachsenen und vor allem auch für alle Kranken, Behinderten, Arbeitslosen und Alten und auch für alle Menschen die Asyl erhalten. Nur wenn dies erreicht ist, dann haben wir einen hohen Wohlstand erreicht. Dann dürfte sich die Bundesregierung eine Weile zurücklehnen und auf den Wohlstand verweisen. Solange dies aber nicht erfüllt ist und hiervon ist Deutschland aufgrund der hohen Ungleichheit sehr weit entfernt, kann sich die Bundesregierung nicht zurücklehnen, sondern endlich wirkungsvoll gegensteuern. Deutschland ist ein reiches Land und hat ein hohes Wohlstandsniveau erreicht, diese Aussagen stimmen einfach nicht!

Es ist ein Hohn für jeden der vom Wohlstand ausgegrenzt wird, weil er Kind ist oder Jugendlicher, dessen Eltern arm sind, für alle einkommens- und vermögensschwachen Erwachsenen und vor allem auch für alle Kranken, Behinderten, Arbeitslosen und Alten und auch für alle Menschen die Asyl erhalten, wenn verantwortliche Politiker undifferenziert behaupten und erklären, Deutschland und den Bürgern geht es gut.

Außerdem sollten und müssen Unternehmer, Geschäftsführer und Vorstände in Unternehmen in Deutschland und die ganze Kapitalseite wieder lernen und akzeptieren, dass Löhne und Gehälter für Arbeitnehmer die maßgebliche Existenzgrundlage darstellen. Steigende Dividenden und Kursgewinne von Anteilspapieren aufgrund von Verschlankungen von Unternehmens- prozessen dagegen für Investoren stellen in der Regel keine Existenzgrundlage für diese dar. Diese Wertung, dass Gehälter Existenzgrundlagen darstellen, muss bei Unternehmensübernahmen und -verkäufen eine deutlich höhere Priorität zukünftig wieder erhalten. Rendite ja, aber auch fairer Lohn und vor Entlassungen lange, ja einfach lange, lange nachdenken! Die Politik muss sich zusätzlich Regelungen überlegen, die die steuerliche Gestaltung bei Unternehmensverkäufen und -übernahmen in diese Richtung hin beeinflussen. Aber hierzu werden weitere Aspekte später im Punkt aufgegriffen, ob Deutschland private Investoren tatsächlich benötigt. Was ist wichtiger für Deutschland, die Rendite oder die Menschen. Diese Frage muss eindeutig für den Menschen beantwortet werden. Leider scheint es in vielen Unternehmen mittlerweile zu anderen Gewichtungen gekommen zu sein.

3.4 Fehlende Inlandsnachfrage kompatibel mit Exportweltmeisterschaft?

Deutschland fehlt eine hohe stabile Inlandsnachfrage. Die deutsche Wirtschaft konzentriert sich stark auf den Export. Die Stärkung der Inlandsnachfrage wird dabei sträflich vernachlässigt! In den 90er-Jahren hatte der Standort Deutschland ein Negativimage. Die Arbeitskosten waren zu hoch und Unternehmen mit ihren Arbeitnehmern waren nicht flexibel genug. Das Stigma lautete für den Weltmarkt in weiten Teilen „nicht wettbewerbsfähig"! Das Land war dabei, im internationalen Vergleich ins Hintertreffen zu geraten. Die Bundesregierung liberalisierte vor diesem Szenario den Arbeitsmarkt. Heute sind die Unternehmen wettbewerbsfähig wie wohl nie zuvor. Ist dies problematisch? In vielen Deutschen Köpfen hat sich festgesetzt, dass sich der Wohlstand eines Landes wie Deutschland nur durch hohe Exportanteile erreichen lässt. Dafür ist ein Beleg, dass viele deutsche mittelständische Unternehmen es geschafft haben, auf dem Weltmarkt in ihrer Marktnische die

Führung in dem jeweiligen Marktsegment zu übernehmen. Hierdurch ist der Schluss durchaus nachvollziehbar, dass nur der Export „echten Wohlstand" im Sinne des wirtschaftlichen und politischen Wohlergehens einer Volkswirtschaft schaffen kann. Gut 9,6 Millionen Jobs hängen in Deutschland direkt oder indirekt vom Export von Gütern und Dienstleistungen ab. Das zeigt eine Studie von 2011 des Forschungsinstituts Prognos. Verschiebungen der Anteile hat es bis heute nur marginal gegeben. Diese Studie zeigt, dass etwa 4,4 Millionen Arbeitnehmer Produkte und Dienstleistungen direkt für das Exportgeschäft herstellen. Gut 5 Millionen Jobs sind in den Bereichen angesiedelt, die die Produktion von Exportgütern und die Erstellung von Dienstleistungen indirekt zum Export beitragen und ins Exportgeschäft einfließen. Eine hohe Bedeutung hat dabei der Export in Staaten der EU. Diese Zusammenhänge haben die Prognos-Forscher dadurch ermittelt, dass sie analysiert haben, welche hergestellten Produkte und welche Dienstleistungen in welche Exportgüter einfließen. Ist diese Abhängigkeit Deutschlands vom Export geeignet, um Wohlstand auf einer soliden Grundlage für die Bevölkerung zu erwirtschaften? Von der EU und der OECD werden schon seit längerem die hohen Exportüberschüsse Deutschlands deutlich kritisiert. Sie würden ein wesentlicher Grund für die Ungleichgewichte zwischen den Staaten in der EU darstellen. Es würde auf der Seite Deutschlands viel zu wenig für die eigene Binnennachfrage im Binnenmarkt Deutschlands getan.

Bemerkenswert ist, dass die USA nur ca. 10 % ihrer

Wirtschaftsleistung im Export erwirtschaftet. Warum sind die USA trotzdem eine Nation mit großer Stärke? Diese wird durch die Binnenwirtschaft erreicht. Der Binnenmarkt mit seiner hohen Nachfrage ist ein Garant für diese Stärke und nicht die Erfolge, die Produkte aus den USA in Asien oder China erzielen. Für die Bundeskanzlerin Frau Dr. Merkel und für die gesamte deutsche Regierung ist der Export von höchster Bedeutung. Frau Dr. Merkel äußerte sich am 13. September 2012 in Berlin: "Wenn wir wollen, dass morgen noch jemand auf uns hört in der Welt, dann müssen wir wettbewerbsfähig sein." Ebenso äußert sie sich Januar 2013 in Davos: "Die Staaten des Euro-Raums können natürlich nur dann wachsen, wenn sie auch Produkte anbieten, die global verkäuflich sind. Deshalb ist das Thema Wettbewerbsfähigkeit so wichtig." In einer weiteren Rede im April äußert sie sich erneut zur Bedeutung der Wettbewerbsfähigkeit so: "Wettbewerbsfähigkeit ist kein Ziel an sich, sondern Wettbewerbsfähigkeit ist eine fundamentale Notwendigkeit für Wachstum."

Bietet ein Unternehmen Produkte auf dem Weltmarkt an, dann kann sich die Nachfrage nach diesen Produkten teilweise auf den Preis konzentrieren. Aber außerdem ist die Qualität von hoher Bedeutung. Wenn also ein Unternehmen die Löhne senkt, dann kann es seine Waren zu geringeren Preisen als die Konkurrenz anbieten. Auf dem Weltmarkt kann sich dieses Unternehmen gegebenenfalls einen höheren Marktanteil über Preisvorteile sichern. Ob auf Dauer die hohe Qualität, die auch die Nachfrage für innovative und technisch hochwertige Produkte deutlich beeinflusst, gehalten werden kann, ist fraglich. Nur durch hoch qualifiziertes Personal kann es gelingen, qualitativ hochwertige Produkte zu produzieren und die Qualität zu halten. Wenn nun viele Unternehmen in einem Land die Löhne senken, wird das Land nicht automatisch insgesamt reicher. Nein vielleicht sogar ärmer! Das folgende Beispiel zeigt sehr vereinfacht die Wirkung einer stabilen Binnennachfragesituation.

Deutschland verkauft einen hohen Anteil seiner Waren nicht an das Ausland – sondern an sich selbst. Hierbei soll das folgende Beispiel zur Verdeutlichung dienlich sein. Der Maurer kauft beim Bäcker, der Bäcker bestellt für sein Haus ein neues Dach beim Dachdecker und dieser lässt sich vom Schreiner einen neuen Schrank für sein Büro fertigen. Der Schreiner geht zum Friseur um die Haare zu schneiden und der Friseur lässt vom Maurer eine neue Natursteinmauer zum Nachbarn hin erstellen und von diesem Geld geht der Maurer wieder zum Bäcker und kauft für das Wochenende Brot, Brötchen und Kuchen für seine ganze Familie ein.

Die Kosten oder der Aufwand des einen Unternehmers sind das Einkommen des Angestellten im eigenen Betrieb oder der Aufwand für eine bezogene Leistung von einem anderen Unternehmer. Diese aufgezeigte Kette zeigt, wie die Binnennachfrage funktioniert und wirkt. Bewegen sich die Löhne nach unten, belastet dies die Nachfrageseite im Binnenmarkt, ist aber vorteilhaft für den Export. Steigen die Löhne ist dies vorteilhaft für die steigende Binnennachfrage, kann aber den Export belasten, weil die Preise der Exportgüter und Dienstleistungen steigen dürften.

Unternehmen können ihre Gewinne steigern, wenn sie ihren Absatz erhöhen und ihre Kosten nicht proportional zum zusätzlichen Umsatz steigen. Nur dann würden die Unternehmen mehr Gewinne erzielen. Der Wohlstand in einem Land und seiner Bevölkerung und seinen Unternehmen steigt nicht automatisch, wenn mehr Waren und Dienstleistungen in den Export gehen. Der materielle Wohlstand einer Volkswirtschaft entspricht zunächst der Summe der Güter und Dienstleistungen, die in dieser Volkswirtschaft für die Bevölkerung und die Unternehmen verfügbar sind. Eine Maschine, die nach China verkauft wird, produziert dort Waren. Der Verkauf der Maschine erhöht den Wohlstand in Deutschland nur dann, wenn die Chinesen im Gegenzug Waren liefern oder Dienstleistungen an Deutschland leisten und so das Güterangebot vor Ort in Deutschland steigt.

Deshalb ist der Export immer abhängig von der Zuverlässigkeit der jeweiligen Handelspartner. Über Jahre hinweg verschuldeten sich beispielsweise einige südeuropäischen Länder im Ausland, um sich Produkte aus Deutschland und den übrigen europäischen Ländern leisten zu können, bis zu dem Zeitpunkt, an dem klar wurde, dass die gegebenen Kredite nicht fristgerecht oder gar nicht zurückbezahlt werden konnten. Die Kreditschulden wurden gestundet oder ganz gestrichen. Deshalb haben Unternehmen beispielsweise ihre kreditfinanzierten Produkte „praktisch verschenkt". Wohlstand sichern sich dauerhaft nicht diejenigen Staaten, die den höchsten Export erzielen und den meisten Handel auf den wachsenden Marktregionen weltweit treiben, sondern diejenigen Länder, die ihre Ressourcen Arbeit, Boden und Kapital und ihre Innovationskräfte möglichst produktiv einsetzen. Über eine hohe Produktivitätsleistung können mit der identischen Anzahl an Arbeitnehmern mehr Güter und Dienstleistungen erwirtschaftet werden, die dann als materieller Wohlstand der Bevölkerung und den Unternehmen zur Verfügung stehen. Deshalb ist es folgerichtig, dass nicht die Wettbewerbsfähigkeit, sondern die Produktivität und die Leistungsfähigkeit den materiellen Wohlstand einer Volkswirtschaft bestimmen und prägen. Die permanenten Hinweise der Regierung, die Wettbewerbsfähigkeit auf den Weltmärkten ist der entscheidende Faktor für zukünftigen materiellen Wohlstand eines Landes ist allein betrachtet falsch! Die Lohnsenkungen in exportorientierten Unternehmen fehlen in der Binnennachfrage. Deshalb wäre es viel wichtiger ein austariertes Gleichgewicht zwischen einer angemessen Binnennachfrage auf dem Binnenmarkt eines Landes zu koppeln mit einem angemessenen Exportanteil. Nicht umsonst ist als wirtschaftspolitisches Ziel ein ausgeglichenes Verhältnis von Export und Import im Stabilitätsgesetz von 1967 vorgesehen. Hieran erinnern sich aber leider nur wenige Politiker, die als Zielsetzung für Deutschland immer noch die „Exportweltmeisterschaft" vor sich her tragen. Wenn dieses Ziel revidiert würde, wären auch einige Ungleichgewichte in der EU aufgrund der hohen Exportüberschüsse Deutschlands zu beseitigen und die berechtigte Kritik aus dem Ausland an Deutschland zu parieren. Die Kapazitäten deutscher Unternehmen sind so groß, dass die Produkte nur der Weltmarkt aufnehmen kann. Dieses Argument könnte dadurch widerlegt werden, dass in der Summe viele Güter importiert werden, die nicht mehr in Deutschland gefertigt werden. Niemand stellt die Frage, warum dies so ist!

Weiterhin ist im Verhältnis zur Leistungsfähigkeit der deutschen Wirtschaft der Euro deutlich unterbewertet. Diese Unterbewertung unterstützt den Export noch zusätzlich. Aber sie führt gleichermaßen zu einer fehlenden Kaufkraft und damit folgerichtig zu einer zu geringen Binnennachfrage ausgehend von Bürgern, kommunalen und privaten Unter-nehmen insbesondere bei importierten Vorprodukten, Gütern und Dienstleistungen. Diese importierten Waren werden zudem viel zu teuer importiert. Wäre der Euro höher bewertet, würden diese importierten Waren günstiger für Unternehmen und Verbraucher zu kaufen sein. Zusätzlich fehlen in vielen Bereichen der Wirtschaft Investitionen. Deshalb steht auch das Wirtschaftswachstum von morgen und übermorgen auf dem Spiel! Es besteht eine hohe Wahrscheinlichkeit, dass das zukünftige Wachstum auf dem „Altar" der Exportweltmeisterschaft geopfert wird, weil der Export für die deutsche Volkswirtschaft zu stark positiv gewichtet wird in Relation zur fehlenden Binnennachfrage. Genau diese fehlende Binnennachfrage kostet in erheblichem Maße „Wohlstand für alle".

3.5 Arbeitsverdichtung ist eine nette Umschreibung für Arbeitsstress und systematische Ausbeutung der Arbeitnehmer

In vielen Unternehmen haben die Führungskräfte und insbesondere die Vorstände keine Ahnung, was in ihren Unternehmen an der Basis bei den Arbeitskräften abläuft. Dass viele Arbeitnehmer gerne ihre

Arbeit tun, verantwortungsbewusst und kreativ sind entgeht ihnen völlig. Ja, sie gehen davon aus, dass viele Arbeitnehmer nur faul sind und es viel Leerlauf gibt, den die Geschäftsleitung durch Verschlankung der Prozesse beseitigen kann. Sollte es nicht so sein, dann ist vielen Unternehmensleitungen dies schlicht weg auch gleichgültig. Bei Unternehmenszusammenlegungen kann die Verwaltung des einen Unternehmens in der Regel doch „sicherlich" noch die Verwaltungsarbeiten des anderen Unternehmens gleich mit erledigen. Dies natürlich in der gewohnten Qualität, mit hohem Engagement und der uneingeschränkte Loyalität, die die Arbeitnehmer einem Unternehmen -so von den Führungskräften erwartet- entgegen bringen müssen. In den meisten Unternehmen sind aber bereits seit langem Arbeitsbelastungen erreicht, die durch die hohe Anzahl von Überstunden (bezahlten oder auch unbezahlten) ersichtlich werden. Die Vorstände und viele Führungskräfte interessieren sich aber nicht für ihre Mitarbeiter. Viele komplexe Abläufe sind eng getaktet und laufen in der Arbeitsrealität eben nicht immer fehlerfrei ab. Pufferzeiten und Leerzeiten gibt es häufig nicht. Die hohe Belastung der Arbeitnehmer führt zu einem ungesunden Arbeitsstress und zu hohem negativem Druck. Dieser Druck ist seit den Hartz IV Regelungen deutlich gestiegen. Der Verlust des Arbeitsplatzes kann in einem absehbaren Zeitraum zu Hartz IV führen oder zu dem Zwang einen deutlich schlechter bezahlten Arbeitsplatz annehmen zu müssen selbst wenn der einzelne Arbeitnehmer viel besser qualifiziert ist und seine Fähigkeiten nicht mehr eingesetzt oder ausgeschöpft werden. Als

Burnout-Syndrom wird der andauernde Zustand einer geistigen und emotionalen Erschöpfung bezeichnet. Burnout bedeutet, ausgebrannt zu sein. Wesentliche Ursache für das Burnout-Syndrom ist vor allem ein dauerhafter negativer wahrgenommener Stress für den einzelnen Arbeitnehmer oder für die Führungskraft. Anzeichen für einen drohenden Burnout sind häufig das Arbeiten ohne jede Pause. Hinzu kommen, dass die eigenen Bedürfnisse keine Berücksichtigung mehr finden. Weitere Symptome eines Burnout-Syndroms können deutliche Schlafstörungen bis zu massiven Depressionen sein. Die Überstundensituation wird im Folgenden aufgezeigt. In Deutschland fallen mehr Überstunden an als in jedem anderen europäischen Land. Die Gesamtzahl der zusätzlich zur vertraglich vereinbarten Wochenarbeitszeit geleisteten und erfassten Stunden sind allerdings seit Jahren tendenziell rückläufig. Wenn es denn stimmt dass 58 % der Überstunden für 2013 unbezahlt geleistet worden sind, ist das Ausbeutung der Arbeitnehmer, weil diese große Ängste um ihren Arbeitsplatz haben. Ansonsten würden sie diejenigen Unternehmen zügig verlassen, die Überstunden nicht finanziell oder durch Freizeit angemessen ausgleichen. Ohne Hartz IV würde gegen diese Situation sicherlich massiv rebelliert und aktiv vorgegangen!

Die folgende Grafik bildet die durchschnittliche Überstundenzahl je Arbeitnehmer in Deutschland ab.

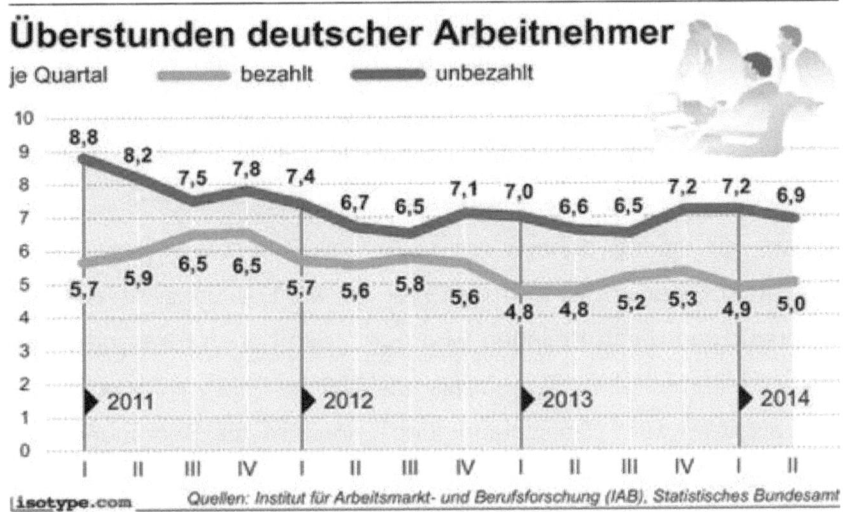

3.6   Psychische und physische Belastungen

In vielen Unternehmen und Unternehmensbereichen werden die für die Mitarbeiter und Führungskräfte zu lösenden Aufgabenstellungen immer komplizierter und komplexer. Zur Lösung dieser Aufgabenstellungen wurden aber nicht die Mitarbeiterzahlen und -qualifikationen so aufgestockt, dass diese ausreichend wäre, die höheren Anforderungen, die durch die Aufgabenstellungen definiert werden, durch die Mitarbeiter und Führungskräfte „gesund" bewältigen zu können. Es entstehen hierdurch gesundheitsbedrohliche Fehlentwicklungen für eine Vielzahl der Beschäftigten. Das ist kein Wohlstand! Zusätzlich sind die Organisationsvoraussetzungen und die erforderlichen Gestaltungsspielräume nicht passgenau an die höheren Arbeitsanforderungen angeglichen worden. Die Situation wird an vielen Arbeitsplätzen dadurch verschärft, dass höhere Handlungsspielräume und die Unterstützung durch Kolleginnen, Kollegen und durch die Führungskräfte in Stresssituationen für die Arbeitnehmer durch die hohe Arbeitsverdichtung in den letzten Jahren in verschiedenen Bereichen der Wirtschaft nicht mehr wirksam sind. Wer eine Unterstützung fordert, gilt häufig danach als nicht ausreichend leistungsbereit, überfordert oder im schlimmsten Fall gar als Leistungsverweigerer! Unterstützung durch Kollegen wird durch den hohen Stressgrad bei einigen Mitarbeitern nicht mehr als tatsächliche Hilfe wahrgenommen und als Weg zur „Entschleunigung", sondern als Bedrohung der eigenen Leistung.

Bei der hohen Anspannung in Unternehmen und der teilweise grenzwertigen hohen Verausgabung vieler Mitarbeiter und vieler Führungskräfte spielen ein angemessenes, wertschätzendes Kollegen- und Vorgesetzten-Verhalten und insbesondere die Anerkennung und Würdigung des persönlichen Einsatzes und der erbrachten Leistungen eine wichtige Rolle. Die meisten Vorgesetzten gehen mit Lob, Anerkennung und Wertschätzung viel zu sparsam um! Ebenfalls wird die Vergütung von vielen Arbeitnehmern nicht als angemessen empfunden. Dies führt zu Enttäuschungen. Diese Enttäuschungen führen dann nach und nach bei den Mitarbeitern zu Demotivation und Frustration. Hieraus ergeben sich dann vor allem mittelfristig eine hohe Arbeitsunzufriedenheit und es kann zusätzlich auch zu psychosomatischen Beschwerden führen. Das Engagement des einzelnen wird in dieser Situation sicherlich nicht zu, sondern abnehmen. Danach kommt es langfristig zu dem Gefühl der „Inneren

Kündigung". Hieraus wird im Arbeitsverhalten der "Dienst nach Vorschrift" oder es führt zu einer depressiven Erkrankung. Ein Burnout ist eine depressive Erkrankung. Diese führt in der Regel in letzter Konsequenz häufig zu auch zu deutlich erhöhten Krankheitstagen. Sollte der Arbeitnehmer sich nach Arbeitsalternativen umschauen, wird er dann das Unternehmen bei einer sich ergebenden guten Gelegenheit mit hoher Wahrscheinlichkeit verlassen, um wieder zu gesunden. Oder er wird möglicherweise zu einem „Langzeitkranken".

3.7 Arbeitnehmer verursachen nur Personalkosten

Für Arbeitnehmer sind das Gehalt oder der Lohn die Grundlage für die Existenz und die Teilhabe am gesellschaftlichen Leben. Zusätzlich ist es eine Anerkennung seiner Leistungsfähigkeit und der eigenen und fremden Wertschätzung. Für Unternehmer sind die Gehälter und Löhne der Arbeitnehmer und Mitarbeiter aber Kosten. Sie sind inklusive der in Deutschland recht hohen Lohnnebenkosten eben Personalkosten. In vielen Unternehmen sind die Personalkosten einer der größten Kostenblöcke. Und Kosten möchte der Unternehmer senken. Er hat „Angst" um seine Wettbewerbsfähigkeit. Denn je höher die Personalkosten und Sachkosten sind, um so höher muss er seine Preise kalkulieren, um überhaupt einen Gewinn zu erwirtschaften. Die Sichtweise des Unternehmers ist in den wenigsten Fällen noch deckungsgleich mit der Sichtweise der Arbeitnehmer und Mitarbeiter. Der Unternehmer muss auskömmliche Gewinne erwirtschaften, damit er das

Eigenkapital weiter stärken kann und in der Zukunft auch weitere Investitionen und für das Unternehmen absichernde Investitionen vornehmen kann. Also was soll das „Gejammere des Mitarbeiters", dass der Lohn zu niedrig ist oder die Arbeitsbedingungen schlecht sind. Die Sicht des Unternehmers ist doch auf die Arbeitsplatzsicherung gerichtet und damit im „Einklang mit den Zielen des Mitarbeiters". Diese Sichtweise teilen viele Mitarbeiter nicht. Leider liegen in vielen Unternehmen die Sichtweisen deshalb doch weit auseinander.

Es wird nur über Personalkosten gesprochen als seien es Sachkosten. Nur mit dem Unterschied, dass die Personalkosten mit Menschen als Singles, mit Familien und Kindern verknüpft sind. Der Unternehmer sieht zu dem das Wohl des Unternehmens im Ganzen, der Arbeitnehmer im wesentlichen seine persönliche Situation. Das Verständnis für die Sichtweise des jeweiligen anderen sollte partnerschaftlich sein und nicht als Kampf gegeneinander. Werden von Unternehmern die Arbeitnehmer mit den Personalkosten auf die identischen Ebene mit den Sachkosten gestellt, belastet dies die vielfältigen menschlichen Beziehungsebenen in Unternehmen. Diejenigen Unternehmen, die die Beziehungsebenen positiv pflegen, werden im Wettbewerb erfolgreicher sein, weil sie die Arbeitnehmer erreichen. Eine erfolgreiche motivierende innovativ wirkende Führungskultur ist in diesen Unternehmen leichter zu etablieren und die Arbeitnehmer sind deutlich engagierter und kreativer. Führung ist und bleibt harte positive Beziehungsarbeit. Dies sollte nicht vergessen werden, wenn über Personalkosten von Führungskräften und Unternehmern emotions- und empathielos gesprochen wird als seien es eben vergleichsweise Sachkosten.

3.8   Die   Erreichung   der   angepeilten   Rendite   als Unternehmensmaxime

In vielen Unternehmen ist das Erreichen von Eigenkapitalrenditen die Unternehmens-Maxime. Unternehmen sind gefühlt nicht mehr in der Verantwortung für ihre Arbeitnehmer. Ebenfalls scheint es so, dass das Grundgesetz in dieser Zielsetzung keine Beachtung mehr findet. In Artikel 14 des Grundgesetzes heißt es in Absatz 2 Eigentum verpflichtet und sein Gebrauch soll zugleich dem Wohle der Allgemeinheit dienen. Da in vielen Unternehmen nur noch die Rendite zählt, werden die Menschen häufig unwichtig. Ja, von den Unternehmensleitungen und Konzernleitungen werden die Gehälter und Löhne nur noch zu Kostenfaktoren degradiert. Dann liegen hier Verstöße gegen das Grundgesetz in § 14 vor, in dem der Gebrauch des Eigenkapitals auch für die Allgemeinheit gefordert wird und eben keine Beachtung findet. Es sind häufig nur noch die Finanzmärkte und   Börsenentwicklungen   maßgeblich   für   unternehmerische Entscheidungen. Die menschliche Seite wird immer häufiger ausgeblendet. Die Kapitalseite versucht aus den Unternehmen hohe Renditen „herauszupressen". Dies gelingt dadurch, dass den Arbeitnehmern niedrige Löhne gezahlt werden oder die Kunden „über den Tisch gezogen werden", im Idealfall für die Rendite erfolgt beides. Da die Kunden in der Regel zu Wettbewerbern wechseln können, bleiben häufig die Arbeitnehmer respektive die

Personalkosten übrig, um durch die Verschlechterung der Arbeitsbedingungen und der Lohnhöhe, die Rendite zu steigern. Von der Post wird in den Medien im Januar 2015 geschrieben, dass sie in den kommenden Jahren bis zu 10.000 und mehr neue Jobs im Paketgeschäft schaffen wird. Dies hört sich zunächst positiv an. Die neu eingestellten Beschäftigten in der DHL-Paketzustellung sollten weniger Gehalt als das Stammpersonal bekommen. Dazu gründet der Bonner Postkonzern beispielsweise die DHL Delivery GmbH. Die Löhne werden auf der Basis der Speditions- und Logistikbranche von den Arbeitgeberverbänden dieser Branchen mit der Gewerkschaft Verdi ausgehandelt hat. Der Postvorstand Jürgen Gerdes äußert sich dazu, dass die Post seit vielen Jahren die postalische Infrastruktur für jedermann in Deutschland zu einer hohen Qualität auch im internationalen Vergleich gewährleistet. Dies wolle die Post auch in Zukunft so fortführen. Aber es besteht ein hoher Lohnkostenabstand zu den Wettbewerbern. Diesen Abstand kann die Post mit der bestehenden höheren Tarifstruktur nicht erreichen. Mit den neuen Gesellschaften besteht nun die Chance, das Paketgeschäft so erfolgreich wie die Wettbewerber aufzustellen. Dies gelingt durch flexiblere Arbeitszeiten und die bessere Möglichkeit Unternehmenskapazitätsengpässe durch Überstunden leichter aufzufangen. Die bestehenden Arbeitsverhältnisse brauchen hierzu nicht angetastet zu werden. Die stellvertretende Verdi-Vorsitzende Andrea Kocsis sieht darin einen sozialpolitischen Skandal ersten Ranges! Ja, die Post ist wirtschaftlich erfolgreich. Ebenso sehen die Prognosen aus. Für weitere Rendite-Steigerungen sollten die schwächsten Beschäftigten „zahlen". Es ist durch die neuen Ankündigungen ein deutlicher Fall von Tarif- und Mitbestimmungsflucht verbunden. Die Deutsche Post hat 49 Firmen gegründet, die Paketzustellern, die dort tätig sind, 2015 deutlich niedrigere Löhne zahlen werden. Die Post will damit die Arbeitsbedingungen und die Lohnzahlungen in der Paketzustellung zugunsten der Rendite des Unternehmens für mehr als 10.000 Beschäftigten verschlechtern. Dies ist sicherlich keine Sozialpartnerschaft, sondern ein offener Kampf der Kapitalseite gegen die Arbeitnehmer. Stehen Unternehmen vor einer möglichen Insolvenz, dann sind Arbeitsverschlechterungen und geringere Lohnzahlungen befristet hinnehmbar bis die wirtschaftliche Erholung der Unternehmen gelungen ist. Andernfalls nicht! Viele weitere Unternehmen gehen in dieselbe Richtung. Noch gravierender ist die Ankündigung des Abbaus von Arbeitsplätzen, damit die Rendite in der Zukunft gehalten werden kann. Dies hat überhaupt nichts mehr mit einer sozialen Marktwirtschaft zu tun. Deutschland entfernt sich zunehmend von dem Modell der Sozialpartnerschaft, durch die Deutschland so erfolgreich geworden ist. Manche sprechen schon von „Raubtierkapitalismus", der mittlerweile in vielen Unternehmen vorherrscht. Hier muss die Politik entschieden gegensteuern.

3.9 Hohe Vorstandsgehälter sollen die besten Führungskräfte anlocken ist dies Realität?

In Deutschland hat die Politik die wirtschaftlichen und vor allem die rechtlichen Rahmenbedingungen so gestaltet, dass sich ein im europäischen Vergleich hoher Niedriglohnsektor etabliert hat. Vor diesem Hintergrund ist es nochmals problematischer, dass die Schere zwischen den durchschnittlichen Gehältern von Arbeitnehmern und den Vorstandschefs extrem gestiegen ist. Der Tag hat nur 24 Stunden. Dies gilt auch für Vorstandschefs! Diese werden nicht nur nach ihrer Leistung und Verantwortung entlohnt, sondern nach den Erfolgen, die die Arbeitnehmer und Führungskräfte erwirtschaftet haben. Ohne die Erfolge der Arbeitnehmer und der Führungskräfte eines Unternehmens wären viele Vorstände hilflos und bedeutungslos! Sie könnten zwar Ideen haben für Geschäfte und Unternehmensentwicklungen aber zur Produktion und den operativen Geschäften sowie zur damit tatsächlichen Wertschöpfung tragen sie in der Regel nur wenig bei.

Die Einkommensschere zwischen Spitzenmanagern in einem Automobilkonzern und den Arbeitnehmern geht teilweise extrem auseinander. Warum muss ein Konzernchef 2011 etwa das 170-Fache eines durchschnittlichen Beschäftigten verdienen? Ist er ein besserer Mensch? Nein! Arbeitet er 170 mal so schnell? Nein! Ist er 170 mal klüger und hat einen um das 170 fache höheren IQ als ein durchschnittlicher Angestellter? Mit Sicherheit nein! Also besteht nur eine Schlussfolgerung. Diese Bezahlung ist eine dem durchschnittlichen Arbeitnehmer gegenüber „üble Ungerechtigkeit".

Aus einer Analyse der Hans-Böckler-Stiftung der Gewerkschaftsnähe nachgesagt wird geht hervor, dass auch bei Metro und Adidas die Vorstände mehr als 100 Mal so viel wie ein durchschnittlicher Mitarbeiter als Vergütung bekamen. Im Durchschnitt der Dax-30-

Unternehmen verdienten die Chefs 53 Mal so viel wie ein normaler Arbeitnehmer. Relativ gering waren die Unterschiede beim Nivea-Hersteller Beiersdorf. Dort lagen die Vorstandsgehälter mit dem 20-fachen eines Durchschnittsverdienstes im Vergleich niedrig.

Gegenüber einer ähnlichen Studie aus dem Jahr 2005 hat sich die Ungleichheit deutlich verstärkt. Gehälter von Vorständen sollen die Höhe der Verantwortung für das Unternehmen, die Arbeitsplätze und die Zukunft des Unternehmens widerspiegeln. Aber die Gehälter dürfen nicht völlig abgehoben sein.

Ein Automobilkonzernsprecher widerspricht den Zahlen der Studie. Er gibt einen Hinweis, dass 2012 das Leistungsentgelt der Manager – ohne Sachkosten wie Fahrer und Dienstwagen – das 20-Fache eines Facharbeiterlohns nicht überstiegen hätte. Dies ist zu bezweifeln. Bei dieser Rechnung sind die Bonuszahlungen an die Manager leider nicht berücksichtigt. Wenn Facharbeiter auch entsprechende Bonuszahlungen erhalten würden, die die Einkommensschere auf das 20-Fache eines Facharbeiterlohns begrenzen würde, wäre das im Sinne einer Sozialpartnerschaft nur zu befürworten. Aber leider ist dies sicherlich nur Wunschdenken und hat mit der Realität bei den Vergütungen und der bestehenden Ungleichheit und der damit verbundenen Ungerechtigkeit leider nichts zu tun. Dass Chefs in den USA der 350 größten US-Unternehmen das 273-Fache verdienen wie die Böckler-Stiftung unter Verweis auf eine Studie des Economic Policy Institute (EPI) für 2012 berichtete, zeigt nur die bodenlose Unverschämtheit mit der amerikanische Chefs Gehälter abkassieren. Dies sind klare Auswüchse des „Raubtierkapitalismuses". Anders sind sie nicht zu erklären. Dies kann für Deutschland und Europa kein Vorbild sein!

Hohe Vorstandsgehälter locken nicht die besten Manager an, sondern die skrupellosesten! Sie versuchen die Unternehmen in Richtung Rendite-Optimierung zu trimmen. Dies geht nur durch niedrige Gehälter, schlechte Arbeitsbedingungen, unbezahlte Überstunden, Leiharbeitereinsatz und beispielsweise durch Unternehmensverlagerungen ins kostengünstigere Ausland. Deutschland braucht andere Vorstände und Geschäftsführungen in Unternehmen, die verantwortlich handeln. Unternehmensmanager, die Unternehmen in eine nachhaltige langfristig erfolgreiche Zukunft führen, setzen häufig auf ein gutes Betriebsklima, gute Führungsarbeit im Sinne einer positiven Beziehungsarbeit, auf langfristige Beschäftigungen der Arbeitnehmer ebenso wie langfristige Kundenbindungen, auf höchste Produktqualität und eben nicht auf kurzfristige hohe Eigenkapitalrenditen. Nur dies kann ein positives Vorbild für deutsche Unternehmen sein.

4.   „Diktatur der Renditen"
4.1   Die 25 %-Rendite der Deutschen Bank und „Geiz ist geil"

Deutsche Bank Chef Ackermann hatte über Jahre hinweg die 25 % Eigenkapitalrendite für sein Unternehmen ausgerufen. Der Chef der größten Deutschen Bank wurde mit keiner anderen Aussage so identifiziert wie mit seinem Ziel, eine Eigenkapitalrendite von 25 % vor Steuern zu erreichen. Er hat das Ziel wie eine Monstranz vor sich her getragen. Nichts hat ihm so viel Kritik eingebracht wie dieses Ziel. Die 25 % EK-Rendite sind aktuell nicht mehr die Zielsetzung der Deutschen Bank, weil sie nicht umsetzbar war. Herr Ackermann selbst musste das Ziel aufgeben! Eine derart hohe Rendite ist nur dadurch erzielbar, wenn die Kunden zu hohe Preise zahlen, quasi „abgezockt" werden, die Arbeitnehmer zu geringe Löhne erhalten und „ausgebeutet" werden. Eine hohe Produktivität ist eine weitere wichtige Komponente. Dies würde Workflows im Unternehmen der Deutschen Bank erforderlich machen, die optimal gestalten sein müssten. Hierdurch würden aber die Sachkosten in die Höhe getrieben. Die 25 % Zielrendite ist nur für Monopolunternehmen möglich, die die Preise und Löhne diktieren sowie in keinem nennenswerten Wettbewerb stehen. Das Kreditgewerbe zeichnet sich aber in Deutschland durch einen hohen Wettbewerbsdruck aus. Dies ist vor allem dem Drei-Säulen-Modell zuzurechnen. Die Privatbanken konkurrieren mit dem Genossenschaftssektor und den öffentlich-rechtlichen Sparkassen und Landesbanken. Dass der Deutschen Bank dieser Wettbewerb nicht „schmeckt" ist verständlich. Mehrfache Vorstöße unterschiedlicher Art haben immer wieder versucht, den öffentlich-rechtlichen Kreditinstituten die gute Positionierung in der Kreditwirtschaft streitig zu machen. Aber bis zum Jahre 2015 besteht der Wettbewerb fort und die Deutsche Bank hat ihre Zielrendite aufgeben müssen. Die teilweise erheblichen Risiken, die die Bank für das 25%-Ziel eingegangen ist, sind dabei noch unerwähnt geblieben. Die Rückstellungen, die für anstehende Prozessverfahren in 2014 gebildet werden mussten, stehen für unfaires Geschäftsgebahren mit diversen Zielgruppen als Kunden der Bank. Dennoch hat die ursprünglich ausgerufene Zielrendite von 25. % in der gesamten deutschen Wirtschaft dazu geführt, dass viele Unternehmen ihre Renditevorstellungen sukzessive in den meisten Branchen auch außerhalb des Finanzgewerbes nach oben geschraubt haben. Eine weitere Problematik ist durch den Werbespruch des Mediamarkt-Konzerns „Geiz ist geil, ich bin doch nicht blöd" bei den Konsumenten entstanden. Die Konsumenten finden es schick, möglichst niedrige Preise für Produkte und Dienstleistungen zu zahlen. „Geiz ist geil", diese Einstellung als Konsument hat der Mediamarkt-Konzern entstehen lassen und er hat sich in viele Konsumentenköpfe „eingegraben und eingebrannt". Dass dadurch die Qualität leiden könnte, keine angemessenen Löhne gezahlt werden können, der Wettbewerb teilweise ruinöse Formen in vielen Branchen annehmen könnte, dies alles ist dem Konsumentenhirn nicht in diesem Zusammenhang eingefallen.

4.2   Sind Renditen wichtiger als die Existenzgrundlagen für Arbeitnehmer und der Blick auf die Steuerpolitik in diesem Zusammenhang

Nein! Es muss ein „Ruck" insbesondere durch die Unternehmen und durch die politisch Verantwortlichen gehen. Dieser „Ruck" müsste bedeuten, dass die Gehälter und Löhne wieder als das angesehen würden, was sie nun einmal sind. Es sind die Existenzgrundlagen der abhängig Beschäftigten. In einem Vortrag im November 2014 von Prof. Dr. Heinz-J. Bontrup als Wirtschaftswissenschaftler an der

Westfälischen Hochschule Gelsenkirchen, Bocholt, Recklinghausen und als Sprecher der Arbeitsgruppe Alternative Wirtschaftspolitik geht er auf die Thematik der Bedeutung von Löhnen und Gehältern ein. „Löhne und Gehälter sind aus Sicht der Unternehmer nur Kosten, aus Sicht der Beschäftigten aber ihre Existenz – ihr Arbeitseinkommen". Er führt weiter aus: „Die abhängig Beschäftigten wollen ihre Einkommen maximieren und die Unternehmer die Arbeitskosten ständig minimieren. Beides geht aber nicht. Gleichzeitig wurden von der herrschenden Politik die Gewinn- und Vermögensteuern drastisch gesenkt bzw. die Vermögensteuer sogar ausgesetzt, und Erbschaftsteuern können in der Steuersystematik allenfalls noch als eine marginale Größe bezeichnet werden. 95 Prozent aller Nachlässe bleiben steuerfrei. Insofern ist es in Deutschland unter dem neoliberalen Paradigma zu einer doppelten, zu einer Brutto- und Nettoumverteilung von den Arbeits- zu den Besitzeinkünften gekommen. Der Grenzsteuersatz bei der Einkommensteuer wurde von 56 Prozent im Jahr 1990 auf 42 Prozent seit 2005 (ab 250.000 Euro sind es 45 Prozent) gesenkt. Ebenso betrug der Körperschaftssteuersatz für thesaurierte Gewinne 1990 in Deutschland noch 56 Prozent. Heute liegt er bei lächerlichen 15 Prozent. Und die Unternehmer klagen weiter über zu hohe Steuern und drohen nicht nur mit Abwanderung in Steueroasen, wo sie noch weniger der Allgemeinheit an Steuern geben müssen. Unerträglich ist im deutschen Steuerrecht auch die Abgeltungsteuer von 25 Prozent auf Kapitalerträge wie Zinsen und Dividenden. Der hart arbeitende abhängig Beschäftigte zahlt dagegen schon ab einem zu versteuernden Jahresbruttoeinkommen von 53.000 Euro den Spitzensteuersatz bei der Einkommensteuer von 42 Prozent. Und der von seinem Vermögen (Zinsen, Dividenden) lebende und nichts Leistende muss lediglich 25 Prozent aufbringen." Die Politik muss aufgefordert sein, diese Entwicklung zu stoppen und hier wie in vielen anderen Themen gegenzusteuern.

4.3 Ethisch und nachhaltig vertretbare Renditen was ist das?

Renditen sind „ethisch verantwortlich" und „nachhaltig" erzielbar, wenn bestimmte Standards eingehalten werden. Es gibt dabei die Problematik, dass es nicht die richtige Ethik und die einzige Nachhaltigkeit gibt. Hierzu äußert sich Herr Dr. Klaus Gabriel als Finanzexperte in einem Interview. Eine Rendite kann ethisch und sozial- und umweltverträglich erzielt werden. Das schließt – genau genommen – eine Rendite-Erwirtschaftung ein, die darauf basiert, dass Menschen nicht ausgebeutet und die Umwelt nicht massiv geschädigt wird. Ethik bezieht sich vor allem auf moralische Werturteile, die individuell recht unterschiedlich ausfallen können. Es geht bei der Ethik darum, darüber nachzudenken, welches Handeln gut, richtig oder gerecht ist. Dies gilt gleichermaßen auch für die Nachhaltigkeit, dass die Umwelt möglichst nicht geschädigt und vor allem nicht nachhaltig also langfristig geschädigt und belastet wird. Hierdurch wird ein solche Ausrichtung der Rendite-Erwirtschaftung sicherlich auf einen Rendite-Verzicht hinauslaufen. Denn nur wenn die Standards in ethischer und nachhaltiger Sicht erfüllt sind, können ethisch vertretbare und nachhaltige Renditen erzielt werden. Wichtig ist eine Gesellschaft, die diesem Denken folgt und entsprechende hohe Prioritäten einräumt.

4.4 Angelsächsische Renditen für Deutschland als Maßstab?

Die besten Hedgefonds so berichtet die FAZ am 28.1.2015 erzielen fast 50 Prozent Rendite. Wie hoch die Gewinne tatsächlich sind? Der erfolgreichste Hedgefonds erzielte eine Rendite von 48 Prozent pro Jahr. Sechs Fonds erzielten eine Rendite von mehr als 40 Prozent. Es handelt sich hier um Durchschnittswerte. Das heißt konkret, es gibt auch deutliche Ausreißer nach unten - und nach oben. Das Wirtschaftsmagazin „Barron's" hat jetzt erstmals eine Hitliste der 50 besten Hedge-Fonds aufgestellt. Zu den Kriterien gehörte dabei eine Mindestgröße von 250 Millionen Dollar. Unterm Strich schafften sechs Fonds eine Rendite von mehr als 40 Prozent. Die Nummer eins auf der Liste, der RAB Special Situations der Londoner Kapitalgesellschaft RAB Capital, legte über die vergangenen drei Jahre immerhin 47,7 Prozent pro Jahr zu. Sollten solche Renditen für Deutschland den Maßstab definieren.

Wenn Deutschland weiterhin den Zusatz „soziale Marktwirtschaft" verwenden möchte, ist eine Orientierung beispielsweise an den Renditen von Hedgefonds unpassend. Um diese Renditen zu erzielen, müssen soziale Standards ad acta gelegt werden, Ethik und Nachhaltigkeit natürlich ebenso.

5. Investoren, Heuschrecken und die Märkte
5.1 Braucht Deutschland Investoren aus dem Ausland?

Nein! Deutschland braucht Investoren, die Unternehmen langfristig positiv zu unterstützen, aber keine Finanzinvestoren. So äußert sich auch Prof. Max Otte von der Fachhochschule Worms. "Finanzinvestoren sind ganz klar keine Investoren. Ich hab die mal als angestellte Verwalter und Finanzbürokraten bezeichnet. Die haben ihre Optimierungsprozesse, ihre Standardverfahren – das mag hier und da auch Sinn machen, dann gibt´s vielleicht sogar Effizienzpotentiale, aber im Großen und Ganzen geht es darum wirklich Firmen kurzfristig auf Rendite zu trimmen. Langfristig Visionen, Produkte, Dienstleistungen die langfristig neue Arbeitsplätze, Werte schaffen, die sind doch in dem Bereich eher selten. Finanzmarktakteure haben eine massive Lobbymacht, viele Transaktionen sind schon gelaufen. Ich sehe noch nicht, dass die Kräfte im Bundestag oder in der Regierung so groß sind, dass man diesem Treiben irgendwo auch ansatzweise Einhalt gebieten könnte."

Diese Äußerungen machen sicherlich sehr nachdenklich. Finanzinvestoren wie KKR beispielsweise investieren nicht dauerhaft in das Wohl eines Unternehmens. Sie bauen gezielt Arbeitsplätze ab, verändern Unternehmensprozesse, Marketingstrategien, Geschäftsfelder sowie die Zielgruppen als Kunden und „verwerten" das Unternehmen mit Gewinn. Diese Strategie ist riskant und gefährdet das Überleben des Unternehmens.
Diese Vorgehensweise kann nicht im Sinne der Politik und vor allem

nicht im Sinne der Arbeitnehmer sein. „Lange Zeit haben Private-Equity-Firmen für Verunsicherung gesorgt. In Deutschland -schreibt die Süddeutsche Zeitung in 2013- wo die Sicherung der Arbeitsplätze meist wichtiger genommen wurde als die Steigerung des Aktienkurses, musste das Geschäftsmodell der schnellen Investment-Manager auf Empörung stoßen. Die kaufen Firmen oft auf Kredit, bürden ihnen die Schulden auf, feuern Arbeitskräfte, sparen bei Investitionen, treiben den Gewinn für kurze Zeit nach oben und verkaufen die Opfer möglichst schnell mit hohem Gewinn weiter. Als besonders infam gilt die Zerschlagung von Unternehmen und der profitable Verkauf der Einzelteile. Weil auf diese Weise manches Unternehmen ruiniert wurde, festigte sich in Deutschland der Eindruck, Privat-Equity-Firmen seien die Totengräber der sozialen Verantwortung in der Wirtschaft. Sie haben das Ansehen der Marktwirtschaft beschädigt." Die Süddeutsche schreibt weiter: „Überhaupt werden diese Investoren, deren Geschäftsmodell darin besteht, ein Unternehmen zu kaufen, zu sanieren und nach wenigen Jahren mit 100 Prozent Gewinn und mehr zu verkaufen, heute häufiger positiv gesehen." Diese angebliche neue Sichtweise auf die Finanzinvestoren ist sehr zu bezweifeln." Sind dies die Ergebnisse eines Freien Kapitalverkehrs. Wenn das so ist, muss das Konzept für Deutschland abgelehnt werden. Die Politik „predigt" aber leider weiterhin die Vorteile des unregulierten freien Kapitalverkehrs als wichtig für das Wachstum in Deutschland.

5.2 Will Deutschland und seine Unternehmen den Einfluss der Investoren?

Deutschland sollte sich überlegen, ob dieser Einfluss von Investoren auf die Unternehmen wirtschaftspolitisch sinnvoll ist. Die deutsche Wirtschaft ist innovativ, hat qualitativ hochwertige Produkte erstellt, zeichnet sich durch eine hervorragende Produktivität aus und wird aufgrund der Lieferzuverlässigkeit und Qualität geschätzt. Das Handelsblatt zeichnet im Januar 2014 einer Studie zur Folge ein Bild zur Stimmung gegenüber Finanzinvestoren. „Finanzinvestoren haben bei deutschen Mittelständlern immer noch einen schlechten Ruf. Doch auf der Suche nach frischem Kapital werden Beteiligungsunternehmen immer öfter zu einer Option. Angesichts dünner eigener Kapitalpolster legen deutsche Mittelständler einer Studie zufolge ihre Vorbehalte gegen Finanzinvestoren allmählich ab. Mittlerweile könnten sich 61 Prozent der 100 befragten Mittelständler eine Private-Equity-Gesellschaft als Anteilseignerin vorstellen, berichtete die Beratungsgesellschaft PwC am Freitag in Frankfurt. Ist dies ein Fortschritt? Bei weiteren sechs Prozent seien Finanzinvestoren bereits beteiligt. Im Jahr 2011 sei der Einstieg eines Finanzinvestors erst für 18 Prozent der Unternehmen eine Option gewesen. Die große Mehrheit der Unternehmen erkennt die Vorteile, die eine Beteiligung von Finanzinvestoren bei der Kapitalversorgung bringen kann", sagte Peter Bartels, PwC-Vorstand und Leiter des Bereichs Familienunternehmen und Mittelstand. Andererseits halte sich das Negativimage der Private-Equity-Branche bei einigen Befragten hartnäckig: Der Studie zufolge haben private Finanzinvestoren bei 45 Prozent der Unternehmen immer noch einen schlechten Ruf. Gleichzeitig seien fast zwei von drei Befragten überzeugt, dass diese Finanzierungsform in Deutschland künftig stark an Bedeutung gewinnen wird. Aus Sicht der Mittelständler liegen die größten Vorteile einer Private-Equity-Beteiligung im besseren Kapitalzugang (71 Prozent) sowie der Professionalisierung der Unternehmensführung, die mit der Aufnahme von Finanzinvestoren einhergehe (51 Prozent). Dass die Unternehmen trotzdem bislang nur zögerlich mit Finanzinvestoren zusammenarbeiten, führen die PwC-Experten vor allem auf die Unsicherheit über die Konsequenzen zurück. So unterstellten rund 60 Prozent der Mittelständler den Finanzinvestoren unzureichende „soziale Kompetenz". 44 Prozent fürchteten, dass sie bei einer Private-Equity-Beteiligung nicht mehr „Herr im eigenen Haus" sind.

5.3   Kann die Unternehmensfinanzierung nicht durch Banken und durch Innenfinanzierung erfolgen?

Die Unternehmen in Deutschland können sich über eine funktionierende Kreditwirtschaft finanzieren oder über Gewinn-Thesaurierungen. Hierdurch kann im Sinne des Unternehmens eine sukzessive Expansion gestaltet werden, die Ausweitung der Produktion, die Ausweitungen von Dienstleistungen und die Ausweitung der Marktbearbeitung. Der Einstieg von Investoren bei Unternehmen ist nicht erforderlich! Die Ausweitungen können strategisch in sinnvoller Weise erfolgen. Die unternehmerischen Expansionen werden darauf angelegt sein, nicht den Einstieg in einen ruinösen Wettbewerb zu gehen, der das Unternehmen gefährden kann, sondern sie dienen weitaus öfter der Unternehmenssicherung. Die Kapitalbeschaffung über Kredite ist die gängigste Finanzierungsform für Unternehmen. Diese Finanzierung wird darauf ausgerichtet, dass grundsätzlich die zu erwartenden Einnahmen aus zusätzlichen Geschäften, die aus dieser Investition entstehen, die Zinsen und die erforderliche Tilgungszahlungen soweit übersteigen, dass eine auskömmliche Rendite erwirtschaftet werden kann. Der Vorteil ist, die Geschäftsführung bleibt bei dieser Finanzierung „Herr im eigenen Haus". Gleichermaßen trifft dies auf die Innenfinanzierung zu. Hierbei kommt das Geld bei der Innenfinanzierung oder Selbstfinanzierung von innen aus Rücklagen oder Rückstellungen. Das Unternehmen behält seine Eigenständigkeit. Weder Kreditgeber noch Shareholder können die Unternehmenspolitik in ihrem Sinne beeinflussen. Die Möglichkeit besteht dabei, dass dem Unternehmen durch ein klares Streben nach „Autarkie und Selbstständigkeit" Kapital über Beteiligungsfinanzierungen entgeht, die für zusätzliche Profite dienlich sein könnten. Die Definition der Profithöhe, der Rendite kann so aber das Management ohne Einfluss von außen vornehmen. Es wird sicherlich eine Rendite sein, die die Kreditfinanzierung und das zusätzliche Risiko berücksichtigt und abbildet. Hohe Renditen sind eng gekoppelt an Risiken. Dies ist nicht zu vernachlässigen. Die Renditen von „Heuschrecken" und Hedge-Fonds sind dermaßen hoch, dass hierdurch Renditen „ausgerufen" werden, die die Unternehmen in ihrer nachhaltigen Existenz bedrohen. Soziale

Komponenten, die die Unternehmen zusammenhalten, die ein gutes Miteinander aller Beteiligten, der Unternehmensleitung, der Führungskräfte und der Arbeitnehmern fördern und die langfristig eine hohe Loyalität, Kreativität und Engagement der Arbeitnehmer und Führungskräfte beflügeln, fehlen in der Regel in Unternehmen, die von „Rendite-Haien" über die Beteiligungsfinanzierung „gekapert" werden. Dies sind in der Regel „Piraten" in der Unternehmenslandschaft, denen es völlig egal ist, wie es der Belegschaft bis zur Geschäftsleitung geht. Es wird nur der Profit in den Vordergrund gespielt. Ausgeprägte Führungskompetenzen, die berücksichtigen wie Belegschaften zu „Höchstleistungen" motiviert werden können, sind ihnen fremd. Einziges Mittel, das ihnen geläufig ist, ist höchsten Druck auf Unternehmen auszuüben. Dabei können keine nachhaltigen positiven Ergebnisse entstehen. Viele Leistungsträger des Unternehmens werden sich nach und nach andere Aufgaben außerhalb des Unternehmens suchen, wenn ihnen der Ausstieg gelingt.

5.4 Ausverkauf von deutschen Unternehmen

Die Frage ist zu stellen, ob deutschen Unternehmen ein „Ausverkauf" ins Ausland droht? Viele Experten teilen genau diese Auffassung! Große Investoren haben Interesse an deutschen Unternehmen und sondieren bereits den Markt. Hohes Interesse dürfte dabei nach Expertenmeinungen am Finanzsektor, am Maschinenbau und dem Energie- und Versorgungsbereich bestehen, um nur einige Branchen aufzuzeigen. "Die großen ausländischen

Investoren, besonders die großen US-Fonds, sind schon im Markt", erklärte Hans Meier-Scherling vom Privatbankhaus Rothschild dem "Tagesspiegel am Sonntag" am 1. Februar 2014. Zu den Branchen, die für Ausländer besonders interessant sind, zählt er den Finanzsektor, den Energie- und Versorger-Bereich sowie den Maschinenbau. Allerdings sei diese Entwicklung kein Grund zur Panik. "Die (ausländischen Investoren) werden eine wichtige Rolle bei der Erneuerung der deutschen Wirtschaft spielen", wird der Experte zitiert. Michael Drill als weiterer Experte im Bereich der Unternehmensübernahmen von der Privatbank Sal. Oppenheim teilt diese Auffassung uneingeschränkt. Nach seiner Aussage haben ausländische Investoren 2013 fast das 2,7-fache an Unternehmenswerten erworben als inländische Investoren im Ausland. Die Übernahme von Wella durch den US-Konsumgüter-riesen Procter & Gamble und die von Nivea-Herstellers Beiersdorf durch Tchibo sind Beispiele für den Trend im „Ausverkauf".

5.5   Der Weg in die Deindustrialisierung?
Die Investitionstätigkeit in einer Volkswirtschaft ist eine zentrale Basis für Wohlstand. Dabei ist nicht nur der Erhalt der Infrastruktur bedeutsam, sondern viel wichtiger ist ein sukzessiver nachhaltiger und stetiger Ausbau der Investitionen. In der Investitionstätigkeit gibt es erhebliche Defizite in Deutschland. Dies wird nicht nur an maroden Straßen und Gebäuden deutlich. In Deutschland ist in den letzten gut 15 Jahren die Investitionsquote um 15 % gesunken. Die Quote beträgt zur Zeit 17. % des Bruttoinlandsproduktes. Die weiter

fallende Tendenz deutet auf eine schleichende Deindustrialisierung hin. Wenn eine Gesellschaft nur noch konsumiert und selbst kaum investiert, verbraucht sich die vorhandene Substanz. Eine Immobilie, die vermietet wird und nur die Rendite zählt, wird ohne Pflege und Erneuerungen bei notwendigen Reparaturarbeiten immer baufälliger. Dabei ist es unerheblich, ob es eine private Immobilie betrifft oder eine Schule, die öffentliche Investitionen erforderlich macht. Die Investitionstätigkeit ist teilweise branchenspezifisch sehr unterschiedlich. In manchen Bereichen werden sogar noch neue Kapazitäten in Geschäftsfeldern aufgebaut oder in anderen werden Bereiche ausgebaut. Hier wird die vorhandene Substanz erhalten. In anderen Branchen leben die dort tätigen Betriebe häufig schon auf Kosten der Substanz. So investieren viele Industrieunternehmen, die energieintensiv produzieren aufgrund der Unsicherheiten bedingt durch die Energiewende bereits geringere finanzielle Mittel als die Beträge, die sie abschreiben.

Die Konsequenz hieraus ist, dass in diesen Firmen nicht einmal mehr der Bestand erhalten werden kann. Dies gilt gleichermaßen für vielen Schulen, Universitäten, für öffentliche Gebäude und den öffentlichen Straßen. Hier merkt jeder Autofahrer beim Durchfahren der kleinen Schlaglöchern bis zu „Kratern" im Straßenbelag, dass trotz der Ausgaben von Bundes- und Landesmitteln für das Straßennetz, dass auch hier mehr Substanz verloren geht als neue nachkommt. Ja teilweise werden neue Projekte realisiert ohne auf die Substandbewahrung des bestehenden Netzes Wert zu legen. In vielen Städten sind eine Vielzahl von Straßen mit Schlaglöchern übersät. Eine neue Straßenbahnlinie in Mainz wird für über 80 Mio € gebaut, ohne den bestehenden Substanz-Verzehr zu stoppen. Das vergleichbare Dilemma betrifft die Deutsche Bundesbahn und ihr Streckennetz. Lange Zeit merkt man so ganz konkret gar nicht, wie die Substanz leidet – bis es häufig zu spät ist. Dann hilft nur noch ein Neubau. Eine wirkungsvolle Sanierung ist in vielen Fällen nicht mehr möglich, wenn der Substanz-Verzehr schon überhand genommen hat. Bei der Bundesbahn wird ein Reparaturbedarf von gut 30 Milliarden Euro geschätzt. 10.000 der knapp 67.000 kommunalen Brücken sind in einem so schlechten Zustand, dass eigentlich nur Abriss und Neubau infrage kommen. Geschätzte Kosten auch hier etliche Milliarden € schreibt Marco Meier im Contra Magazin am 4. Oktober 2014.

Wenn die Bundesregierung aber nur finanzielle Mittel in Höhe von ca. 20 % der benötigten Beträge zur Verfügung stellt und für ein Land wie Deutschland eine exzellent funktionierende Infrastruktur vorhanden sein muss, um weiterhin als Standort Deutschland attraktiv zu sein, dann ist das sehr gefährlich. Nicht nur öffentliche Investitionen sind für einen Standort bedeutsam. Auch die privaten Unternehmen müssten deutlich mehr Geld in den Wirtschafts- standort Deutschland investieren. Durch eine bislang recht solide Industrialisierung in Deutschland ist es gelungen, die Finanzkrise 2008 recht gut zu überstehen. Aber Unternehmen sehen die langfristigen Perspektiven für die weitere Zukunft als nicht besonders positiv an. Unternehmen ersetzen teilweise nicht einmal mehr ihre Substanz, sondern lassen diese erodieren. Dies wird in Deutschland voraussichtlich in den nächsten 5 bis 10 Jahren eine schleichende Deindustrialisierung nach sich ziehen..

Viele Unternehmenslenker wissen, dass die „Vergreisung" als demographische Entwicklung, die Altersarmut und die finanzielle Lage vieler Menschen in Deutschland die Binnennachfrage weiter sinken lassen wird. Hierfür verantwortlich ist in der Zukunft die „Auflösung" der breiten Mittelschicht durch eine fehlgeleitete Steuerpolitik, durch Hungerlöhne, sowie die Schaffung eines breiten Niedriglohnsektors und damit der Schaffung einer prekären Schicht von Empfängern staatlicher Hilfsleistungen, denen ein sozialer Aufstieg immer seltener gelingt, wenn nicht sogar ganz unmöglich gemacht wird. Auf Dauer werden die Erfolge in der Exportwirtschaft hier kaum einen soliden Ausgleich schaffen können. In der Folge dieser Entwicklung wird es voraussichtlich in Deutschland zu einem enormen Wohlstands-Rückgang kommen. Im Vergleich mit den USA haben die vergangenen Jahre dort gezeigt, dass schlechter bezahlte Jobs im Dienstleistungsbereich die verloren gegangenen Arbeitsplätze in der Industrie bei weitem nicht aufwiegen können! Handwerk, Industrie und beispielsweise in Deutschland der Maschinenbau sind die wesentliche Grundlage für eine auf Wohlstand ausgerichtete Volkswirtschaft. Diese Grundlage wird durch zu geringe Investitionen belastet oder gar schleichend zerstört. Die Deindustrialisierung in der USA könnte dazu führen, dass viele US Amerikaner zukünftig in Industrieunternehmen beschäftigt werden, die den Chinesen gehören. Diese Folge sollte Deutschland vermeiden. Aber auch hier sind durch die Globalisierung und den freien Kapitalverkehr „Tür und Tor" geöffnet zum Ausverkauf von maßgeblichen Industriezweigen. Fatal!

Hierdurch würde das Wohl der deutschen Volkswirtschaft von Ausländern bestimmt. Das kann nicht im Sinne einer funktionierenden deutschen Wirtschaft sein. Die Begrenzung von Beteiligungsfinanzierungen muss überdacht werden, wenn dies auch für neoliberale Politiker „Gift" ist auf dem Weg zum Wohlstand. Neoliberale vertrauen auf die „Selbstheilungskräfte" der Märkte. Dies ist wissenschaftlich nicht belegt. Märkte müssen mit klaren Spielregeln versehen werden und damit reguliert sein, damit sie vorteilhaft Angebot und Nachfrage zueinander bringen. Eine weitere Deindustrialisierung auch eine weiterhin schleichende ist ein deutliches Gefährdungspotenzial für den Wohlstand der Volkswirtschaft in Deutschland.

6.   Wachstum über Wettbewerb und/ oder über glückliche
        Menschen
6.1   Wachstum über Wettbewerb

Das Wachstum einer Volkswirtschaft kann eventuell durch einen positiven Wettbewerb gesteigert werden. Dieser Wettbewerb darf nicht ruinös und zerstörerisch sein, dann würde hieraus kein Wachstum entstehen können. „Wettbewerbsfähigkeit" ist für viele Politiker und Wirtschaftsfachleute genau der richtige passende Schlüssel für mehr Wachstum. Wie gelingt es einer Volkswirtschaft, mehr Wettbewerbsfähigkeit zu erlangen? Dies kann durch

Strukturreformen insbesondere auf dem Arbeitsmarkt und den Gütermärkten wie bereits an anderer Stelle angesprochen, gelingen. Dies ist eine maßgebliche Meinung in Deutschland und im europäischen Ausland. Wettbewerb soll bei Unternehmen, den Unternehmensmanagern und Arbeitnehmern in der Summe innovative Kräfte und neue Wertschöpfungsprozesse bewirken und ermöglichen. Die erzeugten Produkte müssen aber auch auf eine ausreichend große Nachfrage treffen. Die Nachfrage muss auf Kunden treffen. Dies können Privatpersonen, Unternehmen in privater Hand oder auch der öffentlich-rechtliche Sektor insgesamt sein. Fehlt die ausreichende Nachfrage aufgrund von Sparmaßnahmen oder Desinteresse an den Produkten aufgrund von zu hohen Preisen oder fehlender Qualität, dann führt der Wettbewerb nicht zu mehr Wachstum. Weiterhin werden Unternehmen immer wieder versuchen, einem zu hohen Wettbewerb auszuweichen. Es kommt zu Unternehmenszusammenschlüssen, die dann den Wettbewerb verringern, es kommt zu Qualitätsabsenkungen mit internen Kostensenkungen, um im Wettbewerb zu bestehen oder es werden Umweltschäden bei der Herstellung in Kauf genommen. Es gibt viele Möglichkeiten, Versuche und Instrumente zur Reduzierung der Wettbewerbsintensität. Wenn es um die Absenkung der Arbeitskosten geht, wird der Arbeitnehmer in seiner Reaktion, seinem Engagement, seiner Kreativität und mit seinem Frust unberücksichtigt gelassen.

6.2 Wachstum aus einer fairen gewaltarmen Gesellschaft, keinem Recht des Stärkeren, aus dem kreativen innovativen Miteinander von glücklichen, leistungsbereiten und leistungsfähigen Menschen mit positiven Visionen

In 2013 hat sich Frau Bundeskanzlerin Dr. Angela Merkel auf einem Themengipfel mit der Lebensqualität der Menschen intensiv befasst. Hiermit verlässt sie den Blickwinkel auf Wirtschafts- und Wachstumszahlen, die in Form des Bruttoinlandsprodukts gemessen werden. Sie konzentriert sich auf Lebensqualität und damit auf was macht ein „gutes" Leben aus. Schon vor Jahren hat sich Frau Dr. Merkel dem Themenbereich gewidmet und für die Einsetzung einer Enquete-Kommission mit der Ausrichtung auf "Wachstum, Wohlstand, Lebensqualität" stark. Diese Kommission arbeitet seit dem Januar 2010. Das Thema Lebensqualität ist sehr vielschichtig und dabei individuell. Für jeden kann es sehr unterschiedlich sein, welche Komponenten für ihn eine hohe oder eine schlechte Lebensqualität bedeuten. Die Messung des Bruttoinlandsprodukts stellt keine Messung der Lebensqualität dar, obwohl ein hohes BSP auch gleichzeitig eine hohe Lebensqualität und ein hohes Maß an Lebensglück unterstellt. Dies ist leider nicht schlüssig. Gibt es eine Glücksformel überhaupt? Das Land Bhutan ist ein Gegenentwurf zum bisherigen Wachstums- und Wohlstandsmodell in Deutschland. Die Entwicklung einer Gesellschaft am Bruttoinlandsprodukt zu messen, ist über Jahre erfolgt. Jedes Jahr wird der prozentuale Zuwachs am BSP gemessen und damit implizit als gleichzeitige Verbesserung der Lebensqualität und des Lebensglücks der

Gesellschaft in Deutschland „verkauft", ob die Menschen in Deutschland dies glauben oder eben nicht. Für die Menschen in Bhutan ist das Konzept des "Bruttosozialglücks" als Staatsziel in der Verfassung verankert. Das Konzept zählt in dem bitterarmen Land zur Staatsphilosophie. Das Bruttosozialglück soll hier als Zielsetzung dienen, damit ein Gleichgewicht zwischen materiellem Fortschritt und spirituellem Wohlergehen angesteuert werden kann. Menschen werden nicht durch hohen materiellen Wohlstand glücklich! Im Januar 2013 hat auch die Enquete-Kommission "Wachstum, Wohlstand, Lebensqualität" des Bundestags empfohlen einen neuen Weg der Messung von Wohlstand zu gehen. Der Wohlstand in Deutschland soll nicht mehr nur über das reale Wirtschaftswachstum gemessen werden. Nein! Politiker und Experten schlagen vor, neben dem gängigen Bruttoinlandsprodukt auch diverse Faktoren zu untersuchen. Diese Faktoren sind beispielsweise die ungleiche oder eine ähnlichere Verteilung des Einkommens- und des Vermögens für breite Menschengruppen in Deutschland. Weitere Bereiche sind die Sicherheit und damit kein problemtisches Gewaltpotenzial. Damit verbunden sind auch nur geringe aber wahrnehmbare Gefährdungen für den einzelnen Menschen in einem immer schneller pulsierenden Wirtschaftssystem. Zusätzlich gehören Faktoren wie Bildungsab-schlüsse, Gesundheit, eine größtmögliche Freiheit einzelner, die Treibhausgasentwicklung und die Artenvielfalt mit hoher Bedeutung zu den Parametern für ein glückliches Leben dazu. Hinzu kommen eine wertschätzende Politik, wertschätzende Arbeitgeber und diverse positive soziale Kontakte zu Mitmenschen. Diese Komponenten können eine Gesellschaft insgesamt festigen und hierdurch den Zusammenhalt auf allen Gesellschaftsebenen stärken. Zusätzlich sollte der Wettbewerb positiv und visionär, aber vor allem nicht ruinös sein.

Das Recht des physisch Stärkeren sollte keine ernsthafte gesellschaftspolitische Zielsetzung sein, sondern es muss eine hohe Beachtung und auch Wertschätzung der Schwachen, Alten und Kranken in der Gesellschaft erfolgen. Lebensqualität ist für die deutsche Kanzlerin quasi „alternativlos". Diese Ausrichtung klingt nach „Wohlfühlpolitik" und hier könnte sicherlich niemand etwas dagegen haben. Somit besteht keine Chance auf Widerspruch. Für die strategische Politikausrichtung ist es ein wichtiger Grund, „sich so etwas auch als Bundeskanzlerin auf die Fahnen zu schreiben". Im innersten Kern kümmert sie sich um unser aller Glück. Die wissenschaftliche Glücksforschung bevorzugt lieber den Begriff "Lebenszufriedenheit". Denn er unterstellt eine gewisse Messfähigkeit, die für eine ergebnisorientierte Politik, die Erfolge nachweisen kann, von hoher Bedeutung ist. Beispiele für Frau Dr. Merkel haben nur oberflächlich mit Glück zu tun. Für sie ist Glück, „dass einem jemand hilft, wenn es einem schlecht geht". Dies ist ein Beispiel für eine Worthülse und es zeigt, dass eine vertiefte Auseinandersetzung der Politik mit den Glücksvorstellungen der Menschen in Deutschland bisher noch nicht erfolgt ist. Die Einbeziehung des Glücks in die Politik soll bei den nächsten Wahlen ein Mehr an Wählerstimmen bringen. Eine vertiefte Auseinandersetzung der Politik mit den Themen

Lebenszufriedenheit, Glück der Bürgerinnen und Bürger wäre wünschenswert. Welche Komponenten bedeuten Glück für viele Menschen in Deutschland und sind damit ursächlich verantwortlich für Glück? Die Ursachen des Glücks sind vielschichtig. Die Glücksforschung liefert einige interessante Aspekte hierzu.

Glückliche Menschen können ihr Leben selbst gestalten und haben ihr Leben selbst in der Hand. Diese Menschen meinen, ihr eigenes Glück können sie selbst herbeiführen. Diese Kontrollüberzeugung, also das kognitive Empfinden, Dinge beeinflussen zu können, ist wichtig für das Erreichen zentraler Lebensziele und für eine zufriedene Lebenseinstellung. Glückliche Menschen schaffen die Balance zwischen Anspannung und Entspannung und erzielen eine Balance zwischen dem, was sie haben und dem, was sie wollen. Glückliche Menschen sind in der Regel sehr kreativ und neugierig. Sie sind deshalb nicht passiv und „konsumieren das Leben", sondern Sie nehmen aktiv teil am Leben. Dazu sind sie von der Einstellung her offen, häufig auch sensibel, agieren spontan und sind in vielen Bereichen sehr leistungsstark und produktiv. Glückliche Menschen haben ihren Lebenssinn gefunden. Dieser kann beispielsweise in einer klaren Religiosität gesehen werden. Sie sind nicht auf „das Glück" konzentriert. Nein, sie nehmen die Lebensfreuden dort mit, wo sie diese finden. Für viele Menschen (lt. Glücksforscher Ed Diener) sind positive Ereignisse glücklich machend. Dabei ist die Häufigkeit und nicht die Intensität entscheidend. Viele kleine Anlässe und Ereignisse tragen zu mehr Glück bei, statt auf das "große Glück" zu warten. Menschen, die glücklich sind, sind häufig Realisten bei der Einschätzung ihrer persönlichen Motive, Zielsetzungen und den tatsächlichen Möglichkeiten. Diese Menschen senken entweder ihre Ansprüche ab, wenn sie „unerreichbar erscheinen" oder sie verstärken drastisch die Anstrengungen, um besondere Ziel trotz aller Widrigkeiten zu erreichen. Glückliche Menschen haben klare Ziele. Dabei mischen sie für sich persönlich geschickt kurz- und langfristige Interessen, Wünsche und Lebensziele.

Menschen, die glücklich erscheinen, sind ebenso wenig nur auf den glücklichen Augenblick konzentriert und auf hohen Genuss orientiert. Aber sie sparen sich auch keine Glücksmomente auf, sie leben sehr stark im Hier und Jetzt. Zusätzlich investieren sie persönlich viel in ihre sozialen Beziehungen. Deshalb bekommen sie auch die erforderliche Unterstützung von Freunden und aus der Familie. Zusätzlich sind sie fest davon überzeugt, dass Menschen in ihrem Umfeld sie schätzen und mögen. Unerheblich ist dabei, ob das der Wahrheit entspricht. Insbesondere gute Sozialbeziehungen schaffen positive Erlebnisse, in Form von Liebe, Vertrauen und einem positiven Selbstwert.

Letztendlich verbinden Menschen mit ausgeprägt positiven Glücksgefühlen bei ihrem beruflichen und privaten Tun eine dem Glück sehr verwandte Gefühlswelt. Der Glücksforscher Mihaly Csikszentmihalyi bezeichnet diese Gefühlswelt mit dem Begriff Flow. Der positive „Flow" entsteht nach seiner Forschung beim Arbeiten im Beruf, bei der Beschäftigung mit Hobbys, bei Geselligkeit, Reden, Sex, Sport, ins Kino gehen, Lernen und Autofahren. Dazu dürfen die Aktionen weder über- noch unterfordern. Sonst entsteht kein „Flow".

Und „Flow" entsteht nach seiner Auffassung eben nicht beim Ausruhen oder bei passivem Fernsehkonsum. Wenn sich die Politik hiermit einmal vertieft auseinandersetzen würde, wäre in Kürze deutlich, dass das Konsumieren von Gütern, das Besitzen von Gütern keine glücklichen Menschen fördert. Hierdurch würde sich die hochrangige Priorisierung des rein materiellen Wohlstandes schnell reduzieren.

6.3   Kulturwandel und Politikschwerpunkte als Basis für eine glückliche Leistungsgesellschaft in Deutschland

Materieller Reichtum hat die Menschen bisher nicht glücklicher gemacht.

Quelle: Das Einkommen steigt, das Glück nicht: Das Beispiel USA. (Einkommen nach US Department
of Commerce, Bureau of Economic Analysis, Glück bis 1971
American Institute of Public Opinion
(AiPO), ab 1972 US-General Social Survey (GSS); nach >>
Layard2005.)

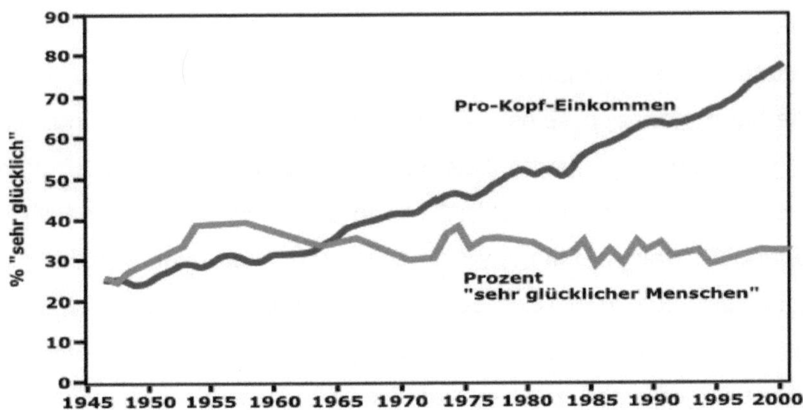

Forschungsergebnisse zeigen, dass zum Glück Gütern und Dienstleistungen nur solange beitragen, wie sie zur Grundversorgung der Menschen dienlich sind. Die materielle Grundbedürfnisse sind Nahrung, Wohnung und Kleidung. Besteht diese Grundversorgung, wird eine Überversorgung mit Gütern und Dienstleistungen nicht mehr positiv gewertet. Nein, bei vielen Menschen führt die Fülle der Angebote sogar zu Unsicherheiten und Ängsten. Sobald die aufgezeigten Grundbedürfnisse gedeckt sind, werden andere Bedürfnisse wie gute soziale Beziehungen wichtiger. Diese werden aber durch das aktuelle Streben in der Wirtschaft nach Wirtschaftswachstum und durch die Ökonomisierung des Umfeldes von vielen Menschen gefährdet. Das Ende des Wirtschaftswachstums könnte als Chance zu sehen sein, in der Zukunft glücklicher zu werden. Was würde tatsächlich bei den Bürgerinnen und Bürgern zu mehr Glücksempfindungen führen? Neben der Erfüllung der Grundbedürfnisse steht die Erfüllung der psychischen Grundbedürfnisse teilweise diametral oft im Konflikt mit den Anforderungen des materiellen Wohlstands! Wie soll man Freundschaften pflegen, wenn im Beruf höchste Mobilität gefragt ist? Wie kann man sich selbst als wirksam erleben, wenn man nur ein aufgrund der eigenen Selbsterkenntnis doch nur kleines Rad in einem globalen Konzern ist? Wie kann man sich fair und verlässlich gegenüber seinen Mitmenschen verhalten, wenn im Berufsalltag „getrickst", „über den Tisch gezogen", der andere „ausgenutzt" wird, „unfair" gehandelt wird, der „eigene Vorteil" vor allen anderen Zielsetzungen steht und der „Geiz ist Geil-Mentalität" gehuldigt wird

Viele Menschen sind im Beruf so stark gefangen, dass die Glücksökonomen als "Statustretmühle" bezeichnen. Kein Mensch möchte in seinem Umfeld absteigen und im Sinne der Wertschätzung verlieren. Um nur mithalten zu können, müssen die Menschen immer mehr arbeiten. Hierdurch werden diese nach und nach immer gestresster und unfähiger, das eigene Leben zu genießen und sich mit Zeit und Muße auch dem Leben der Menschen in der Familie, dem Freundeskreis sowie dem Kollegenkreises zu widmen. Menschen, die ihr Leben konsequent nur auf Geld ausgerichtet haben, leiden häufig an heftigen Angstzuständen und tiefen starken Depressionen. Das Leben des einzelnen wird immer weiter beschleunigt, es fehlen Ruhe und Zeit für Geselligkeit und Kreativität. Dies führt ganz deutlich betont eben nicht zu einem höherem Wohlstand in der breiten Gesellschaft in Deutschland. Nein, ganz im Gegenteil. ein Anwachsen der gesellschaftlichen Probleme besteht darin, dass die Zahl der Selbstmorde, die Häufigkeit von starken Depressionen und weiteren Erkrankungen sukzessive steigt.

Die Politik muss einem Kulturwandel den Weg bereiten. Wir sollten zunehmend daran arbeiten, dass die Gesellschaft und ihre Mitglieder die Bürgerinnen und Bürger in der Lage sind, "natürliche" Verhaltensweisen wie das "immer mehr" als aus anderen Zeiten kommend zu erkennen und mittels unserer „neuen Kultur" unter Kontrolle zu bringen. Genauso wie wir lernen können, dass zuviel Zucker nicht gut für unsere Gesundheit ist, können wir lernen, dass immer noch mehr Dinge uns eben nicht weiter glücklich machen. Aber dieses immer Mehr kann unsere Lebensgrundlagen zerstören. Hierauf müssen unsere politischen Zielsysteme sich mit diesen Erkenntnissen auseinandersetzten und Wege zu den Zielen mittel- bis langfristig finden und anpassen. Vor allem muss die Zerstörung der Grundlagen unseres Lebens gestoppt werden, sowie die Lebenszufriedenheit und die Möglichkeiten des menschlichen Glücks berücksichtigt und neu ausgerichtet werden.

6.4 Lebens- und Arbeitsvorstellungen der Generation Y

Wer ist die Generation Y. Auf alle Fälle sind es gut ausgebildete junge Leute in der Altersgruppe der zwischen 1980 und 2000 Geborenen. Für Berufseinsteiger und auch hoch qualifizierte dieser Altersgruppe ist es nicht mehr das Ziel, möglichst schnell eine Karriere in einem Unternehmen zu machen, sondern es steht für viele Qualifizierte aus dieser Altersgruppe mit sehr hoher Priorität, eine ausgeglichene Work-Life-Balance und eine inhaltliche Selbstverwirklichung zu erreichen. Dies sind Ergebnisse, die Soziologen und Arbeitsmarktforscher herausgefunden haben. Ab ca. 2020 wird diese Gruppe bald 50 % der Arbeitnehmer ausmachen. Sie sind aber nicht nur gut ausgebildet, sondern auch gut informiert. Sie sind social-media-affin und haben ein ausgeprägtes Selbstbewusstsein. Dieses Selbstbewusstsein wird deutlich gestärkt durch die demografische Entwicklung und den drohenden „Fachkräftemangel". Die Erwartungen dieser Generation an die Arbeitgeber scheinen sich erheblich von denen früherer

Generationen abzuheben. Von Unternehmen erwartet die Generation Y, dass die Unternehmen umdenken und sich auf ihre Ansprüche einstellen. Selbstbestimmt und flexibel so wollen sie arbeiten. Autoritäten zweifeln sie erst einmal an, es sei denn, der Chef beeindruckt sie. Kollegialität und persönliche Entwicklung rangieren bei dieser Generation ganz oben. Ganz am Schluss stehen Status und Prestigefaktoren. Gegen Ende eines Bewerbungsgesprächs hat Wolf-Dieter K. noch ein Anliegen. Er äußert dies so: „Ich bin gerne bereit bis 21 oder 22 Uhr zu arbeiten, wenn das Projekt es erfordert", aber ich mache das sicher nicht jeden Tag!" „Freunde, Sport und Spaziergänge das muss weiter drin sein." Außerdem sollte die Arbeitgeberwahl zum eigenen Leben passen und nicht umgekehrt. Es besteht nur eine Just-in-time Loyalität und damit eine hohe Wechselbereitschaft. Arbeitsinhalte müssen von Anfang an interessant und abwechslungsreich sein, Spaß machen und sinnvoll sein. Hieraus sollten Unternehmen Konsequenzen ziehen. Von Anfang an sollten sie für diese Mitarbeiter auf herausfordernde Aufgaben achten. Sie sollten auf eine marktgerechte Vergütung im Vergleich zu anderen Unternehmen bei ähnlichen Aufgabenstellungen achten. Ein kollegiales Verhältnis zu allen Mitarbeitern sollte gefördert und auch eingefordert werden. Konflikte zwischen Kollegen und Generationen im Unternehmen müssen dabei erfolgreich durch aktive Führungsarbeit begleitet und gelöst werden. Attraktive innerstädtische Standorte haben Vorteile zur Gewinnung von Mitarbeitern aus der Generation Y gegenüber entlegenen

Gewerbegebieten. Planbare Karrieremöglichkeiten sollten transparent im Unternehmen kommuniziert werden. Die Vereinbarkeit von Familie, Freunden und Beruf ist wichtig im Sinne der geforderten Work-Life-Balance. Außerdem ist eine gute technische Ausstattung der Arbeitsplätze für diese Generation wichtig, um auch ihre Fähigkeiten und ihr Engagement angemessen ausspielen zu können. Durch die Generation Y entsteht Druck auf die Arbeitgeber. Dieser wird die Arbeitswelt voraussichtlich nachhaltig beeinflussen und deutlich prägen.

7.   Löhne und Gehälter als Garant für breiten Wohlstand
7.1   Mindestlohn

In Deutschland hat sich in den vergangen Jahren ein Niedriglohnsektor mit hoher Geschwindigkeit katastrophal ausgebreitet. Dieser geht einher mit einem Anstieg der Armut für viele Menschen. Deutschland hat ein Verteilungsproblem. Die Politik muss klare Rahmenbedingungen setzen, die diese negative Entwicklung nachhaltig und schnell durchbrechen. Es ist menschenverachtend, wenn Arbeitnehmer beispielsweise für 4 € pro Stunde arbeiten müssen. Dies ist Lohndumping in einer üblen Form. Die Arbeitgeberseite signalisiert, dass für gering Qualifizierte dies aber der Einstieg in den Arbeitsmarkt sein kann und durchaus Aufstiegschancen bestehen. Die Realität bestätigt dies aber nur in seltenen Einzelfällen als Ausnahme. Die deutliche Konsequenz des Lohndumpings aber ist, dass in vielen Bereichen der Wirtschaft durch die Machtposition, die die Arbeitgeber im Verhältnis zu den Arbeitnehmern haben, dadurch dass sie die klar „Stärkeren" sind, die Löhne flächendeckend unter Druck sind und die sich ohne Mindest-Löhne deshalb häufig nach unten entwickelt haben. Mittlerweile arbeiten qualifizierte Arbeitnehmer mit einer abgeschlossenen Berufsausbildung und teilweise sogar Fachkräfte und Akademiker im Niedriglohnsektor, damit die Gewinne der Unternehmen noch stärker sprudeln. Diese Entwicklung ist falsch!

7.2 Ein Grundeinkommen für jeden?

Zusätzlich zum gesetzlichen Mindestlohn kann als eine weitere Komponente das bedingungslose Grundeinkommen für jeden Bundesbürger umgesetzt werden. Die große Ungleichheit in der deutschen Gesellschaft würde hierdurch weiter in positiver Richtung reduziert. Das bedingungslose Grundeinkommen könnte zu mehr Gerechtigkeit in der Gesellschaft beitragen. Andere teilen diese Auffassung nicht. Ein Grundeinkommen würde „faul" machen. Dies muss bezweifelt werden. Arbeitslosigkeit ist deshalb so problematisch, weil viele Menschen darunter leiden, dass sie keine Aufgaben mehr haben. Vergleichbar ist der Ruhestand für viele Menschen, die Jahrzehnte gearbeitet haben und nun das Gefühl haben, keine Aufgabe wartet auf sie und ganz problematisch, dass sie nicht mehr gebraucht werden. Dies kann zu schweren und schwersten Lebenskrisen und Depressionen führen. Es macht keine glücklichen Menschen. Durch ein Grundeinkommen können Menschen arbeiten oder sich anderweitig engagieren. Sie können, müssen aber nicht. Ein Grundeinkommen ohne jede Gegenleistung des einzelnen würde die soziale Kultur völlig verändern. Jeder Bürger könnte somit ein Einkommen erhalten, mit dem ihm ein Mindestlebensstandard gesichert ist. Dieses Einkommen ist an keinerlei Bedingung geknüpft. Es ist somit eben nicht verbunden mit bezahlter Arbeit, Vermögenswerten oder ob jemand arbeitslos oder Manager ist. Es gibt einige Stimmen, die diesen Weg für richtig halten. Unter anderem der Gründer der Drogeriemarktkette DM Götz Werner. Weiterhin halten Katja Kipping von der Linkspartei, Sozialwissenschaftler Opielka und der ehemalige CDU-Ministerpräsident Althaus diesen Weg für prüfenswert und gesellschaftlich für sinnvoll und vertretbar. Hierdurch könnte die Armutsfalle für viele Menschen in Deutschland beseitigt werden und konkrete Armut bekämpft werden. Im Zusammenhang mit der Globalisierung und den Verlagerungstendenzen von Arbeitsplätzen in andere Länder sowie der immer stärkeren Rationalisierung und dem hohen Grad an Automatisierung in Unternehmen könnten Menschen vor Hartz IV bewahrt werden. Die aktuelle sozialstaatlichen Rahmenbedingungen sind auf das Konzept eines lebenslangen Normalarbeitsverhältnis und auf traditionelle Familienformen ausgerichtet. Aufgrund der rasanten Veränderungen in der Berufsrealität passte dies aber immer weniger zur Realität. Durch Hartz IV erfolgten massive Einschnitte in das soziale Absicherungsnetz Deutschlands. Es wurden mehr Eigenleistung vom Einzelnen abgefordert. Auch gut Qualifizierte können unterfordernde Arbeitsplatzangebote nicht verweigern. Ansonsten führt diese

Verweigerung zu klaren Sanktionen. Hartz IV ist „offener Strafvollzug" schimpft der Unternehmer und Gründer der DM Drogeriemarktkette Werner. Seine Überlegungen gehen davon aus, dass von einem bedingungslosen Grundeinkommen ein positive Wirkung auf einen fairen Umgang mit Arbeitnehmern durch die Unternehmer gefördert wird. Gesellschaftlich wichtige Arbeit wie Pflegedienstleistungen, Erziehungsleistungen usw., die heute in Relation zu anderen Arbeiten unterbezahlt sind, könnten dann wieder mehr Nachwuchskräfte anziehen. Diese Arbeiten würden dann gegebenenfalls auch besser bezahlt und/oder vor allem durch die Kombination des Grundeinkommens plus dem Einkommen aus diesen gesellschaftlich wichtigen Arbeiten würden diese Arbeitsfelder für viele Arbeitnehmer zunehmend attraktiver. Diese Entwicklung täte der Gesellschaft gut.

Die Linken-Vorsitzende Kipping schlägt vor, dass die gesellschaftliche Wertschätzung auch andere Arbeit wie die Erziehungs- und Pflegearbeit sowie das Ehrenamt deutlich steigern würde und dadurch der klassischen Erwerbsarbeit gleichwertig gegenüber steht. Ob auch die Gruppe der Reichen das Grundeinkommen erhalten sollen ist strittig. Es wäre aber durchaus sinnvoll, weil Reiche bei der Finanzierung des Grundeinkommens zukünftig stärker finanziell „zur Kasse gebeten" würden. Die Finanzierung des Grundeinkommens müsste über Steuereinnahmen erfolgen. Je nach Umfang des Grundeinkommens schwanken die Schätzungen der Kosten. Wahrscheinlich könnten die Summen für die Sozialausgaben in den bundesdeutschen Haushalten diesen

Kosten entsprechen. Die Höhe des Grundeinkommens sollte so hoch ausgestaltet sein, dass die Armut in Deutschland damit zur Vergangenheit zählen würde. Das Grundeinkommen könnte neben der Armutsbekämpfung dazu dienen, den gesellschaftlichen Zusammenhalt und die positive gesellschaftliche Klebmasse zu erneuern und einen Gegenpol zur Ökonomisierung und zum ruinösen Wettbewerb von Menschen in allen Lebensbereichen beizutragen. Das Grundeinkommen würde eine positive Wertschätzung erhalten und damit auch die Bezieher des Grundeinkommens. Sie würden nicht in eine „gesellschaftliche Schmuddelecke" einsortiert.

7.3 „Gesundes Maß an Arbeitslosigkeit" ?

Ein gesundes Maß an Arbeitslosigkeit ist nach Meinung vieler politisch Verantwortlicher und vieler Unternehmer dann erreicht, wenn es zum Wettbewerb unter den Arbeitnehmern führt und derjenige, den Job erhält, der eine gute Qualifikation mitbringt, eine hohe Loyalität dem Unternehmen gegenüber hat, der mobil und flexibel ist, für den Überstunden kein Problem darstellen und der die Zielsetzungen des Unternehmens deutlich über seine persönlichen Zielsetzungen stellt. Dies sollte der Arbeitnehmer natürlich zu einem sehr niedrig angesetzten Gehalt für die Unternehmen leisten und trotzdem mit hohem Engagement, Leidenschaft und Motivation seinen Job machen. Ja und bei Bedarf kann ihm ohne Angabe von Gründen von heute auf morgen gekündigt werden. Sollte er dagegen kündigen, so bitte mit einer ausreichenden Vorlaufzeit für das

Unternehmen, damit ja kein Schaden durch den Ausfall des Arbeitnehmers entsteht. Dies ist die Wunschvorstellung der Unternehmen und teilweise auch der politisch Verantwortlichen. Dass die Unternehmen dabei fair mit den Angestellten umgehen wird sicherlich auch noch unterstellt. Ernst nehmen kann diese Vorstellungen kein Arbeitnehmer. Die „gesunde" Arbeitslosigkeit könnte durchaus bei 9 bis 10 % liegen, damit der Druck auf die Arbeitnehmerseite so hoch ist, dass auch nicht mehr von den Gewerkschaften ein Streik „vom Zaun gebrochen" wird.

7.4   Die Angst vor Hartz IV als „Knüppel aus dem Sack"

Die Hartz IV Reformen haben das „soziale Auffangnetz" komplett verändert. Die kurzen Fristen in denen Arbeitslosengeld gezahlt wird, die Verpflichtung auch für gut Qualifizierte Jobs anzunehmen, die nicht ihrem Qualifikationsstand entsprechen, können dazu führen, dass auch qualifizierte Arbeitnehmer, ja auch Führungskräfte schneller als ihnen lieb ist, in Hartz IV „landen". Die gleichzeitige Arbeitslosenquote erhält den Druck auf die Arbeitnehmerseite aufrecht. Diese Regelungen haben in Zusammenhang mit dem nicht vorhandenen Mindestlohn die Ausweitung des Niedriglohnsektors in der aktuellen Höhe erst ermöglicht. Es ist ein Knüppel aus dem Sack! Hartz VI ist bewusst mit der Sozialhilfe zusammengelegt worden. Zum einen sollten natürlich auch schlankere Verwaltungsprozesse entstehen. Für die Betroffenen ist Hartz VI der Inbegriff von gesellschaftlicher Ausgrenzung sowie die Gängelung der Arbeitnehmer, fast jeden Job anzunehmen, unabhängig vom

Qualifikationsprofil. Für Hartz VI Bezieher ist nicht nur der geringe finanzielle Spielraum so schwierig zu verkraften, sondern vor allem die gesellschaftliche Stigmatisierung, die hiermit verbunden ist. Sofern ausreichende freie Arbeitsplätze passend zur jeweiligen Qualifikation zur Verfügung stehen, könnte die Zielrichtung von Ex-Bundeskanzler Gerhard Schröder, Arbeitnehmer dazu anzuhalten, sich einen adäquaten Job zu suchen, aufgehen. Dadurch, dass aber Rendite-Vorstellungen in gesunden Unternehmen, die Gewinne erwirtschaften ins „Uferlose" gesteigert werden sollen, damit die Kapitalseite zufrieden ist und hierzu Jobs um Jobs abgebaut werden und die Arbeitsbedingungen sowie die Bezahlungen der verbleibenden Arbeitnehmern nach und nach verschlechtert werden, weil die Arbeitsmenge sicherlich nicht sinkt, dann waren die Hartz VI Reformen vor 10 Jahren der deutliche Startpunkt für eine Absenkung der errungenen Sozialstandards für Deutschland, die der Kapitalseite zu Gute kommt und die Arbeitnehmerseite massiv geschwächt hat. Bei den Arbeitnehmern führt Hartz VI zu Angst vor dem Abstieg. Es belastet die gesamte Arbeitswelt. Bei Arbeitnehmern steigt die Angst vor Kündigungen extrem. Sie ist permanent präsent. Deshalb sichern sich viele ab. Sie sind „Profis in Sachen Fehlervermeidung". Es führt bei vielen Arbeitnehmern in Unternehmen zu stressbedingten physischen und psychischen Krankheiten, zur inneren Kündigung und zum Dienst nach Vorschrift, um möglichst keine Angriffsfläche zu bieten, wenn es um das Finden von Kündigungsgründen geht. Der rasche Absturz in die Hartz VI Situation trägt mit dazu bei, dass viele junge Menschen keine Familie gründen aufgrund der Unsicherheit, sie verzichten teilweise deshalb auf Kinder oder auf weitere Kinder und dies verschärft die problematische demografische Entwicklung der „Überalterung" nochmals stärker. Diese Konsequenz scheint die Politik nicht im Blickfeld zu haben. Ebenso sind hierfür Gründe im Niedriglohnsektor, in Arbeitsbefristungen und dem Leiharbeitswahn in Deutschland mitverantwortlich. Diese Entwicklung kostet viel an Wohlstand-, Wachstums- und Glücklichkeits-Potenzialen der Bürger. Profiteure sind ausschließlich auf der Arbeitgeberseite zu suchen. Wie lange dies bei ruinösem Wettbewerb so in der Entwicklung fortgeschrieben werden kann, ist auch für manches Unternehmen offen.

7.5 Ungesunde Ungleichheit in Deutschland

Die Einkommens- und Vermögensverteilung in Deutschland ist ungleich und zu einem großen Teil auch auf ungerechte Weise entstanden. Die gesetzlichen Regelungen für die Kapitalseite und hier insbesondere für die Unternehmer und Arbeitgeberseite sind in den vergangenen Jahren vorteilhafter gestaltet worden, als für die Arbeitnehmerseite. Unternehmer wollen für ihr eingesetztes Kapital eine angemessene Rendite. Diese kann aus aktuellen Alternativanlagen zuzüglich einer Risikoprämie abgeleitet werden. Die Unternehmer versuchen eine hohe Rendite zu erzielen. Unternehmerische Risiken werden sukzessive aber auf Arbeitnehmer verlagert. In der Betriebswirtschaft gibt es durchaus den Begriff der Leerkosten. Diese Leerkosten entstehen, wenn die Produktionskapazitäten nicht ausreichend ausgelastet sind. Bei einem hohen Bestand an Stammbelegschaft kann nicht ohne besondere Gründe Personal so einfach durch den bestehenden Kündigungsschutz abgebaut werden. Doch in den vergangen Jahren waren die Unternehmer sehr erfinderisch. Sie haben Stammbelegschaften nach und nach abgebaut und durch Leiharbeiter ersetzt. Viele Arbeitnehmer haben keine unbefristeten Arbeitsverträge erhalten, sondern befristete. Und viele Aufgaben sind durch Werkverträge ersetzt worden. Hier werden fixe Kosten in variable Kosten umgewandelt. Die variablen Kosten entstehen nur in Verbindung mit der aktuellen Produktion. Leerkosten sind hierdurch vermeidbar oder können deutlich verringert werden. Der Kündigungsschutz ist in vielen europäischen Staaten durch „Reformen" am Arbeitsmarkt aufgeweicht oder sogar für viele Arbeitnehmer beseitigt worden. Dies gelingt insbesondere auch dadurch, dass bestehende Tarifbindungen, die die Gewerkschaften für die Absicherung der Arbeitnehmer genutzt haben nach und nach gelockert oder gänzlich beseitigt wurden. Portugal hatte vor der Krise einen starken Kündigungsschutz für mehr als 2/3 der Arbeitnehmer. Jetzt sind weniger als 10 % der Arbeitnehmer tariflich geschützt. Diese Lockerungen haben nicht zu mehr Beschäftigung geführt, sondern zu einer höheren Arbeitslosigkeit.

Die Unternehmer wollen das unternehmerische Risiko senken und die Risikoprämie in der Renditevorgabe aber beibehalten. Dies führt dann in der Folge zu Unternehmensverlagerungen von Unternehmensteilen, insbesondere um Personalkosten zu sparen. Die Arbeitnehmer können nicht in ihre Lohnforderungen das höhere

Risiko des Arbeitsplatzverlustes einpreisen, weil der Druck über eine gewisse Arbeitslosigkeit und die Hartz VI Regelungen dies verhindern. Deshalb ist über viele Jahre auch der Reallohn für viele Arbeitnehmer nicht gestiegen, sondern gesunken.

Ungleich verteilte Einkommens- und Vermögensverteilungen führen folgerichtig auch zu ungleichem Wohlstand. Seit den Veröffentlichungen von Thomas Piketty, sind die bisherigen Forschungen zu Arm und Reich und den gesellschaftlichen Unterschieden in der Einkommens- und Vermögensverteilung in Frage zu stellen. Mit den Ungleichheiten und ihren ökonomischen und gesellschaftlichen Folgen müssen sich Wissenschaftler grundsätzlich neu befassen. Die Ökonomie hatte Verteilungsfragestellungen nicht im Fokus und hat sich in den vergangenen Jahrzehnten kaum für die Thematik der Verteilungsfragen interessiert. Herr Piketty hat dazu beigetragen, dass Ungleichheiten in die ökonomischen Modelle einbezogen werden müssen, um das mittel- bis langfristige Wachstum von Volkswirtschaften zu prognostizieren.

"Ungleichheit kostet die Welt Billionen an Wohlstand", sagt auch der Havard-Professor Eric Maskin der Zeitschrift "Welt". Ist Wohlstand ungleich verteilt, wird das volkswirtschaftliche Wachstum deutlich verlangsamt. "Wenn wir nichts gegen die Ungleichheit tun, verschärft sich das Problem weiter. Denn in der Regel wird Armut der nächsten Generation vererbt und damit bleiben Talente ungenutzt. Das können wir uns nicht nur aus moralischen Gründen nicht leisten", sagt der Harvard-Professor Maskin. Weiterhin widerlegt er einige bisher gültigen Theorien wie beispielsweise, dass der globale Handel dafür sorgt, dass die Ungleichheit in der Welt nach und nach reduziert würde. Aber in der Regel profitieren Arbeitnehmer nicht von der Globalisierung, sondern dies führt zu einem weiteren Aufgehen der Schere zwischen Arm und Reich. Ungleichheit wirkt in allen Ländern, somit auch in Industrienationen als Dämpfungsfaktor für Wirtschaftswachstum.

Nur solange ein Wettbewerb aus der Ungleichheit in Unternehmen und Beschäftigten entsteht, der Innovationskräfte fördert, der Umweltschutz beachtet und die Fairness gegenüber Kunden und den Beschäftigten als hohes Gut ansieht, fördert diese Ungleichheit das Wirtschaftswachstum. Ruinöser Wettbewerb dagegen dämpft eine Volkswirtschaft massiv. Wenn beispielsweise die Konsumausgaben bei Privatpersonen isoliert betrachtet werden, dann zeigt sich, dass eine breite Masse der Bevölkerung, die einen gewissen Wohlstand hat, einen hohen Anteil ihrer Einkommen in den Konsum geben würde. Dies kurbelt die Wirtschaft an. Dazu sind auskömmliche Löhne und Gehälter aber erforderlich. Es ist ein fairer Umgang mit den Mitarbeitern in Unternehmen wichtig und eine hohe Arbeitsplatzsicherheit ist eine weitere notwendige Rahmenbedingung.

Hohe Managergehälter und hohe Unternehmensrenditen können keine Volkswirtschaft in ihrer positiven Entwicklung fördern, wenn für viele Jobs schon seit Jahren keine Reallohnzuwächse realisiert worden sind, Arbeitsplatzverlagerungen ins Ausland aufgrund der Rendite erfolgen und über die Hartz IV Reformen eine hohe

Unsicherheit der Jobs und die Möglichkeit eines schnellen gesellschaftlichen Abstiegs in der Bevölkerung wahrgenommen werden. Hohe Renditen in Unternehmen führen nun einmal nicht zu einem steigenden Wirtschaftswachstum, weil diese Renditen nicht dazu genutzt werden adäquate Investitionen zu tätigen. Die Konsumquoten sind einkommensabhängig. Für das volkswirtschaftliche Wachstum sind diese wichtig, genauso wichtig wie Investitionsquoten.

Hohe Unternehmens-Renditen haben dagegen für das volkswirtschaftliche Wachstum keine Bedeutung, weil diese in der Regel nicht zu hohen Einkommen der Arbeitnehmer und auch nicht für hohe Investitionsquoten genutzt werden. Die Unternehmens-Renditen sind die falsche Zielgröße für Wachstum! Diese führt zunehmend zu einer höheren Kluft zwischen Arm und Reich. Arbeitnehmer sind wie oben schon ausgeführt nur Kostenfaktoren und damit lästig, weil sie nur Rendite-Punkte kosten.

8.   Wettbewerbsfähigkeit, hohe Exportquoten und geringe
        Inlandsnachfrage
8.1   Wettbewerbsfähigkeit im In- und gegenüber dem Ausland
        erhalten

Viele deutsche Produkte werden im Ausland nicht über den Preis gekauft, sondern weil die Qualität der Produkte die höchste Priorität für die Käufer aus dem Ausland hat. Preiswertere Produkte sind auf dem Weltmarkt häufig zu finden. Aber angefangen bei der

Zuverlässigkeit der Lieferung bis hin zum Produkt selbst. Dies wissen die Kunden zu schätzen. Deutsche Produkte können auf den Weltmärkten deshalb so gut verkauft werden, weil sie teilweise diese „nicht-preisliche" Wettbewerbsfähigkeit besitzen.

Für diese Sichtweise sind beispielsweise Fahrzeuge von Mercedes, BMW oder Audi passende Güter. Diese Fahrzeuge werden deshalb im Ausland gern gekauft, weil sie alle in hohem Maße innovativ sowie mit Spitzentechnologie ausgestattet sind und für den Käufer ein persönlicher Imagegewinn damit in der Regel verbunden ist. Zusätzlich sind in den Fahrzeugen hochwertigste Materialien benutzt und verarbeitet worden. Außerdem besteht ein guter Service bei Ersatzteilen und erforderlichen Reparaturen. Ein Preisvergleich von Mercedes, BMW und Audi mit Fahrzeugen von Fiat oder Peugeot geht für die drei Topmarken schlecht aus. Trotzdem ist deutlich, dass Käufer im Ausland nicht nach dem Preis entscheiden, sondern insbesondere nach "nicht-preislichen" Kriterien. In jeder Branche muss die Wettbewerbsfähigkeit individuell betrachtet werden. Sind keine nicht-preislichen Kriterien für den Produktverkauf im Ausland entscheidend, dann können über Produktivitätsvorsprünge bei der Fertigung oder rein durch die eingesetzte Fertigungsver- fahrenstechnik in der Produktherstellung dem Ausland gegenüber Vorteile entstehen. Entscheidend für den erfolgreichen Verkauf sind zusätzlich die Marktteilnehmer. Auf den ausländischen Märkten müssen Käufer bereitstehen, die die „nicht-preislichen" Vorteile schätzen und gerne aufgrund des häufig zusätzlichen persönlichen Imagegewinns die Kaufkraft einsetzen für den Erwerb der deutschen

Produkte. Auf weniger kaufkräftigen Märkten, sind die deutschen Produkte weniger erfolgreich. Für jede Branche kann die Situation spezifisch ermittelt werden. Dies würde aber den Rahmen der Überlegungen in diesem Bereich sprengen. Deshalb sollte der Hinweis ausreichen, dass viele Produkte aus Deutschland auf dem Weltmarkt auch durch „nicht-preislich-relevante" Kriterien erfolgreich sind und zu den hohen Exportanteilen und Exportüberschüssen beitragen. Hieraus lässt sich ableiten, dass die Wettbewerbsfähigkeit gegeben sein muss.

8.2   Beschäftigte profitieren nicht von Produktivitätssteigerungen

Produktivitätssteigerungen können in deutschen Firmen in vielfältiger Weise entstehen. Vor allem die Arbeitsproduktivität soll beleuchtet werden. Die Arbeitsproduktivität je Stunde in der ein Arbeitnehmer in Deutschland für ein Unternehmen tätig ist, zeigt das Verhältnis von Produktanzahl oder Dienstleistungsanzahl als Output und der eingesetzten Arbeitnehmerstunde. Die Arbeitsproduktivität in Deutschland wächst seit Jahrzehnten beständig an. Pro Arbeitsstunde werden durch die Steigerungen eine immer größere Anzahl an Waren und Dienstleistungen hergestellt oder geleistet. Eine hiermit verbundene Problematik besteht darin, dass die Arbeitnehmer von dieser Arbeitsproduktivitätssteigerung selbst nicht oder nur unterdurchschnittlich profitieren. Stark profitieren hingegen die Gewinne der Unternehmen und damit die Kapitalseite. Die Unternehmensgewinne steigen aufgrund der Arbeitsproduktivität in den letzten Jahren deutlich. Die Arbeitsproduktivität steigt deshalb so stark an, weil die Arbeitsverdichtungen für die einzelnen Arbeitnehmer massiv zugenommen haben und hierdurch die Unternehmensprozesse deutlich verschlankt werden konnten sowie dass immer effizientere innovative Technologien in den Produktionsprozessen der Unternehmen eingesetzt werden, die in der Regel von hochqualifizierten Mitarbeitern erarbeitet worden sind. Hinzu kommt, dass die Beschäftigten insgesamt zunehmend qualifizierter ausgebildet sind. Diese Komponenten schlagen sich in den Steigerungen der Arbeitsproduktivität nieder. Seit 1991 bis 2012 ist die Produktivität je Arbeitnehmerstunde um über 36 Prozent angestiegen. Die realen Stundenlöhne stiegen hierzu nur um magere 15 % im Vergleich im Durchschnitt der Beschäftigen.

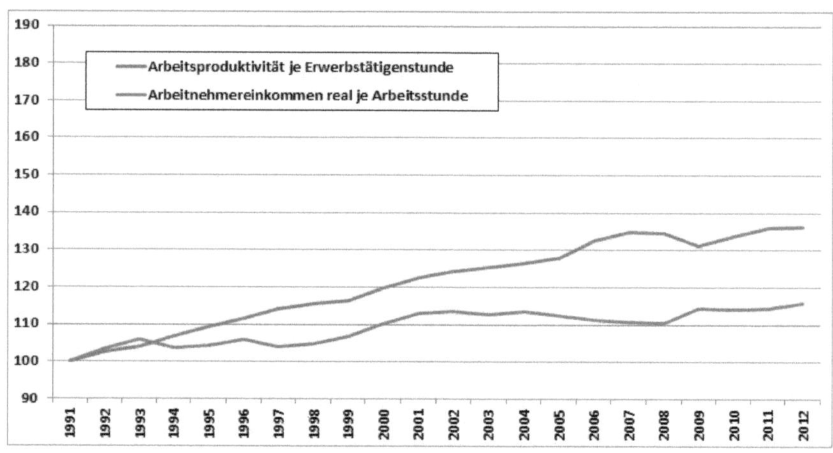

Quelle: Statistisches Bundesamt

Ab 1993 sind die Arbeitseinkommen deutlich langsamer gewachsen als die Steigerungen der Arbeitsproduktivität. Diese verdeutlichte

Entwicklung schlägt sich positiv auf die Unternehmer und Kapitaleinkommen nieder. Beschäftigte produzieren immer mehr Güter oder bieten den Kunden der Unternehmen immer mehr Dienstleistungen an. Hierfür werden sie aber nur mit einem Bruchteil an Gehalts-Steigerungen entlohnt. Ganz problematisch ist, dass ab 2003 und nochmals zunehmend ab 2005 der reale Stundenlohn für die Beschäftigen rückläufig ist. Die Aganda 2010 und die Hartz IV Gesetzgebung und deren Umsetzung haben für diese Veränderung -wie oben bereits beleuchtet- maßgeblich den Rahmen gesetzt. Die Unternehmen haben in diesem Zusammenhang Umstrukturierungen, Arbeitsverdichtungen, Zeitarbeitsverträge, Leiharbeiter und Dumpinglöhne genutzt, um ihre Gewinnverbesserungen durchzusetzen. Erst 2009 wird diese Entwicklung unterbrochen. Ab 2010 öffnet sich die Schere zwischen Arbeitsproduktivität und den durchschnittlichen Arbeitseinkommen erneut deutlich.

Dies führt zu einer wachsenden Ungleichverteilung von Einkommens- und Vermögenswerten und damit zu einer Verstärkung der sozialen Ungleichheit. Sehr deutlich zeigt diesen Effekt auch die Entwicklung der Lohnquote und die Quote der Vermögens- und Gewinneinkommen auf. Lediglich in Krisenzeiten erholte sich die Lohnquote ein wenig. In den Jahren ab ca. 2000 ist ein massiver Rückgang der Lohnquote und damit im Gegenzug eine Erhöhung der Vermögens- und Gewinneinkommen verbunden.

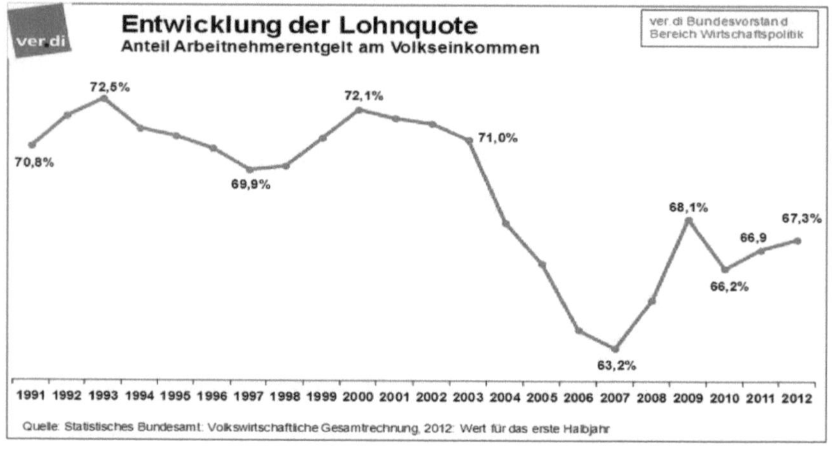

8.3 Preiswettbewerb auf dem Rücken der Arbeitnehmer und nicht der Gewinne der Unternehmen

Bisher sind in Unternehmen Preiswettbewerbe mit der Konkurrenz nur auf dem Rücken der Arbeitnehmer ausgetragen worden. Die Wettbewerbsfähigkeit steht in enger Korrelation mit den Gehältern der Angestellten. Es ist in der Presse noch nicht über ein Unternehmen berichtet worden, dass seine Gewinnvorstellungen nach unten korrigiert hat, weil die Konkurrenz den Preiswettbewerb ansonsten gewinnen könnte. In den Unternehmen werden Gewinnziele als feste Größe angesehen. Nur die Gehälter der Angestellten und damit die Personal- und Sachkosten sind Variablen, die verändert werden können. Die einfachste Lösung ist, die Personalkosten durch Umstrukturierungen nach unten zu bewegen. Die Gewinne und die Rendite-Vorstellungen sind fixiert und in vielen Unternehmen sogar „in Stein gemeißelt". Die Angestellten sind ja nur

Kostenfaktoren und „keine Menschen", sondern nur Zahlen im Controlling. In Unternehmen wird der einzelne Angestellte leider häufig nur noch so gesehen. Dies ist kein fairer Umgang miteinander. Ohne das Engagement der Angestellten ist ein Unternehmen verloren. Es wird sich sukzessive in die Pleite manövrieren. Das sieht das Management leider nicht. Die Gewinnentwicklungen von Unternehmen im Verhältnis zu den Arbeitseinkommen sind in den vergangenen Jahren in vielen Unternehmen unverhältnismäßig gestiegen. Diejenigen, die den Gewinn maßgeblich erwirtschaftet haben, profitieren nicht von ihrem Engagement. Dies führt eben nicht zu einem Wohlstand für viele oder alle, sondern nur für wenige Reiche. Deutschland ist auf dem Weg zu einer unsozialen Marktwirtschaft. Je nach Definition ist diese wahrscheinlich sogar bereits erreicht.

9.   Konsumquoten versus Gewinne von Unternehmen vorteilhaft für den Wohlstand und damit Vorteile für alle?
9.1   Beispielsituationen

Mit Hilfe von Beispielen wird im Folgenden die Problematik verdeutlicht. Es ist für die wirtschaftliche Entwicklung am Standort Deutschland deutlich besser, wenn die Einkommens- und Vermögensverteilung geringere Differenzen aufweist, das heißt konkret, dass die gerechtere Verteilung das Wachstum fördern könnte. Dabei ist eine unterschiedliche Konsumquote für unterschiedliche Einkommensgruppen unterstellt. Weiterhin ist die Ausgangssituation modifiziert. Mit dieser Modifikation wird gezeigt, dass Veränderungen eine Wachstumsverstärkung erzeugen könnten, wenn nur die Konsumquote -als einen exemplarisch ausgewählten Parameter– und als Wachstumskomponente betrachtet wird. Die Grafik aus 2008 wird in den Situation I bis III angewandt.

Mehr Wohlstand durch gleichere Einkommens- und Vermögensverteilung am Beispiel der individuellen Konsumquotenentwicklung

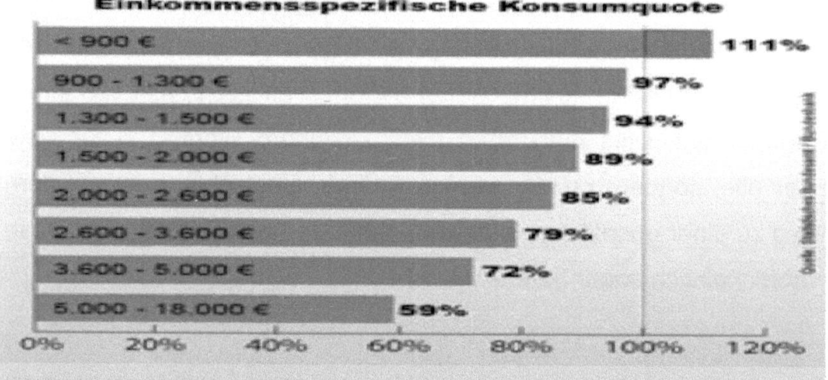

Quelle: Statistisches Bundesamt 2008

Situation I

In dieser Situation sind 30 Mitarbeiter, 2 Abteilungsleiter und ein Geschäftsführender Eigentümer in einem fiktiven Unternehmen tätig. Der Umsatz pro Monat liegt bei 98.300 €. Der Personalaufwand liegt bei 74.300 €, der Sachaufwand liegt ebenfalls pro Monat bei 9.000 €. Der Gewinn pro Monat soll 15.000 € betragen und das Eigenkapital von 1.200.000 € soll mit 15 % pro Jahr verzinst werden.

Pro Monat	Situation I		Pro Monat		
		Gehalt/ Kosten/ Umsatz	Summe	Konsumquote	Indiv Konsumquote p. Monat und Investiton 25 % Gewinn
Umsatz			98300		
Personalaufwand					
MA	30	1550	46500	0,89	41385
Gruppenleiter	2	4900	9800	0,72	7056
Betriebsleiter/ Chef	1	18000	18000	0,59	10620
			74300		**59061**
Sachaufwand			9000		
				Investition	
Gewinn			15000		**3750**
					62811
eingesetztes Kapital insg.			1200000		
EK Rendite in % pro Jahr	(180.000 Jahresgewinn)		15		

Aus dem Beispiel ergibt sich eine Eigenkapitalverzinsung von 15 % pro Jahr. In dieser Situation ergibt sich eine Konsumquote der Mitarbeiter des Unternehmens in Höhe von 59.061 € zuzüglich einer unterstellten Investitionsquote des Gewinns von 25 % in Höhe von 3.750 € pro Monat.

Situation II

In dieser Situation bleibt die Mitarbeiter- und die Führungskräfteanzahl unverändert. Die Mitarbeiter werden in der Situation II aber ein Gehalt pro Monat in Höhe von 1.850 € im Vergleich zu vorher von 1.550 beziehen. Die Vergütung der Abteilungsleiter wird bei 4.500€ liegen im Vergleich zur Situation I und der Geschäftsführende Eigentümer wird anstatt 18.000 € nur noch eine Vergütung in Höhe von 9.000 € erhalten. Der Gewinn bleibt weiterhin bei 15.000 € und die Eigenkapitalrendite bleibt weiterhin bei 15 %. Die Konsumquote pro Monat liegt dann bei 64.345 €. Diese Erhöhung ist incl. der Investitionen des Unternehmens in Höhe von 25 % auf den Gewinn pro Monat mit berücksichtigt.

Situation II *Pro Monat*

Pro Monat		Gehalt/ Kosten/ Umsatz Summe		Konsumquote	Indiv Konsumquote p. Monat
Umsatz		Pro Monat 7083,33	98300		und Investiton 25 % Gewinn
Personalaufwand					
MA	30	1850	55500	0,89	49395
Gruppenleiter	2	4500	9000	0,72	6480
Betriebsleiter/ Chef	1	8000	8000	0,59	4720
		14350	74300		60595
Sachaufwand			9000		4
			Investition		
Gewinn			15000		3750
					64345
eingesetztes Kapital insg.			1200000		
EK Rendite in %		(180.000 Jahresgewinn)	15		

Hierdurch zeigt sich, dass die reine Gehaltsstrukturveränderung bereits eine Erhöhung der Konsumquote in der Gesamtsumme bewirken könnte und hierdurch gesamtvolkswirtschaftlich eine höhere Summe in den Konsum gelangen würde, die Inlandsnachfrage würde intensiviert und es würden hierdurch Wachstumsimpulse entstehen.

Situation III

In der Situation III sind die Gehälter der Mitarbeiter erneut erhöht worden und belaufen sich auf 2.100 €. Die Vergütungen der Abteilungsleiter und des Geschäftsführenden Eigentümers bleiben unverändert. Hierdurch kann aber nur noch ein Gewinnausweis in Höhe von 7.500 € pro Monat ausgewiesen werden. Dies ist eine Eigenkapitalverzinsung von 7,5 %. Die Investitionsquote von 25 % vom Gewinn wurde in der dieser Situation weiterhin beibehalten. Es konnte erneut die Konsumquote incl. der Investitionsquote steigen.

Dieser Verzicht von Rendite zugunsten von Gehaltserhöhungen sorgt für weitere deutliche Wachstumsimpulse, da diese eine wesentliche Basis der Inlandsnachfrage darstellen.

In der Realität der Unternehmen wird ein Verzicht auf Rendite zugunsten von Gehaltserhöhungen nicht ernsthaft in Betracht gezogen.

Pro Monat	**Situation III**	*Pro Monat*	Konsumquote	Indiv Konsumquote p. Monat und Investiton 25 % Gewinn	
	Gehalt/ Kosten/ Umsatz Summe				
Umsatz	Pro Monat 7083,33		98300		
Personalaufwand					
MA	30	2100	63000	0,85	53550
Gruppenleiter	2	4500	9000	0,72	6480
Betriebsleiter/ Chef	1	8000	9800	0,59	4720
		14600	81800		64750
Sachaufwand			9000		
				Investition	
Gewinn			7500		**1875**
					66625
eingesetztes Kapital insg.			1200000		
EK Rendite in %	(90.000 Jahresgewinn)		7,5		

Gemäß der Gesamtnachfrage-Formel besteht die Binnennachfrage aus Konsumgüternachfrage, Investitionsgüternachfrage und Staatsnachfrage. Die breite Investitionsgüternachfrage sinkt seit Jahren. Deshalb ist die Konsumgüternachfrage sehr bedeutsam für die wirtschaftliche Entwicklung in Deutschland. Die staatliche Verschuldung trägt durch die restriktive Entwicklung nicht zu positiven Wirtschaftsimpulsen bei.

Löhne sind die Grundlage für die Nachfrage im deutschen Binnenmarkt. Lohnsenkungen führen zwingend zu einer sinkenden Konsumgüternachfrage. Die Behauptung, dass geringere Löhne die Möglichkeit bieten, dass Unternehmen das Stellenangebot ausweiten mit der Folge, dass die gesamtwirtschaftliche Lohnsumme gegebenenfalls nicht fällt, hilft nicht dabei, dass durch eine zu starke ungleiche Einkommens- und Vermögensverteilung Wachstumsimpulse für die deutsche Wirtschaft nicht genutzt werden.

Sehr interessant sind die Aussagen von Heiner Flassbeck in flassbeck-economics im November 2013 zur Frage, ob die Inlandsnachfrage die deutsche Wirtschaft trägt.

„In der Diskussion um die deutschen Leistungsbilanzüberschüsse wird von interessierter Seite immer wieder argumentiert, die Inlandsnachfrage trage mehr und mehr die deutsche Wirtschaft. So sagt der Bundeswirtschaftsminister, die jüngste Entwicklung beim Auftragseingang bestätige „das Bild einer zunehmend binnenwirtschaftlich getragenen Belebung der Konjunktur". Und in einer Vorabmeldung über die mögliche Entwicklung des Bruttoinlandsprodukts im dritten Quartal bilanziert das Ministerium laut FAZ: „Insgesamt hat sich die konjunkturelle Belebung weiter gefestigt und an Breite gewonnen." Weiter zitiert der Beitrag aus dem Monatsbericht der Regierungsexperten: "Die Binnennachfrage liefere mehr Wachstumsimpulse als der Export – dank des robusten privaten Konsums und höherer Investitionen der Industrie. Der private Konsum werde durch Rekordbeschäftigung, steigende Einkommen, stabile Preise sowie die niedrigen Zinsen gestützt. »Die

Stimmung unter den Konsumenten und Einzelhändlern bleibt weiterhin überdurchschnittlich.«"

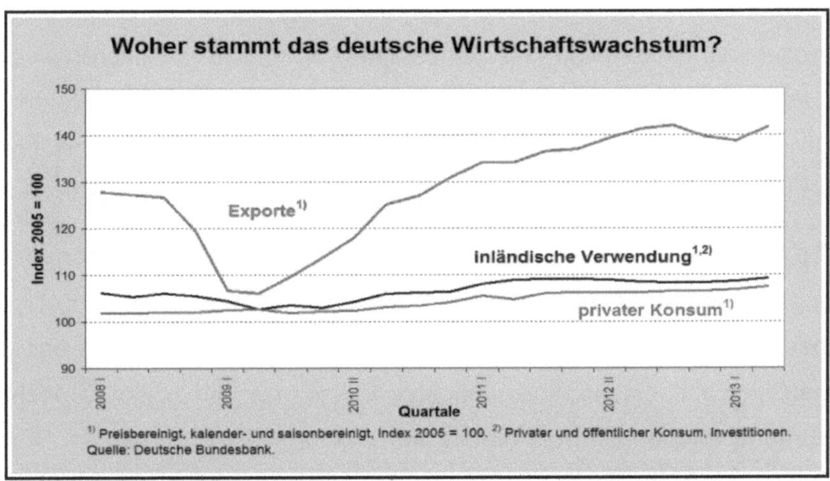

Das muss man eigentlich nicht kommentieren, sondern man muss den Leser nur bitten, sich diese Abbildung genau anzuschauen. Dann kann jeder selbst entscheiden, ob es sich bei den zitierten Aussagen um Lügen, um Fälschungen oder nur um den Versuch handelt, auf dummdreiste Art und Weise den Bürger und das Ausland zu manipulieren.

Die sogenannte inländische Verwendung, der umfassendste Ausdruck der Inlandsnachfrage, also Konsum (öffentlich und privat) und die Investitionen, stagniert seit Beginn des Jahres 2011 und es spricht nichts dafür, dass sich das in nächster Zeit ändern könnte.

Der private Konsum ist flach wie ein Brett und die Investitionen sinken. Wie in den vergangenen Monaten sich zeigt, gibt es immer wieder mal ein kleines Auf und Ab, aber keine durchgreifende

Änderung nach oben. Das Bild der Flaute gilt weiter. Die Auftragseingänge sind im September im obigen abgebildeten Zeitraum von 2012 (saisonbereinigt) etwas gestiegen, die industrielle Produktion ist gefallen, die Einzelhandelsumsätze stagnieren wie schon seit vielen Jahren, und die realen Einkommen der Privaten, die die einzige nachhaltige Quelle für einen Stimmungsumschwung bei der Mehrzahl der Haushalte sein könnte, stagnieren ebenfalls.

Die deutsche Politik versucht schön zu reden, was nicht schön ist. Angesichts der internationalen Kritik ist man verzweifelt bemüht „nachzuweisen", dass alles ganz anders ist. Man begreift nicht, dass man sich mit diesen Ablenkungsmanövern, die am Ende ja doch niemand für bare Münze nimmt, ins eigene Fleisch schneidet. Die Frustration im Ausland wächst täglich, und man fragt sich, wie man in der EU in Zukunft mit einem Land zusammenarbeiten soll, dass von Anfang der Währungsunion an foul spielte, dann ganz Europa eine falsche Wirtschaftspolitik aufdrängte, und den eigenen Beitrag zur Überwindung der Krise auf Null reduzieren will. Auf den Konferenzen über die Eurokrise wurde häufig über die deutschen Löhne kritisch gesprochen.

Das wäre vor zwei oder gar drei Jahren nicht möglich gewesen. Da hätte man noch über öffentliche Schulden schwadroniert und die verschiedenen Krankheiten der südeuropäischen Länder. Heute haben fast alle intelligenten Ökonomen begriffen, dass es das außenwirtschaftliche Ungleichgewicht ist, das die Krise verursacht hat und eine Lösung so schwierig macht. Wer in Deutschland bestreitet, dass das deutsche Lohndumping etwas mit diesem

Ungleichgewicht zu tun hat, macht sich lächerlich.

Es ist übrigens besonders lächerlich, dass man heute in Deutschland in Bezug auf die Herkunft der Ungleichgewichte genau umgekehrt argumentiert wie noch vor ein paar Jahren. Damals sagte man den Amerikanern vor allem, die Ungleichgewichte seien unproblematisch, weil sie ja vorwiegend innerhalb der Europäischen Währungsunion zu beobachten seien, wo solche Ungleichgewichte wegen der einheitlichen Währung kein eigenständiges Problem wären. Heute sagt man, die Ungleichgewichte seien unproblematisch, weil sie ja inzwischen weitgehend außerhalb der Eurozone stattfinden. Eins ist so falsch wie das andere, wie Friederike Spiecker in einem Bericht zeigt, aber die Dreistigkeit, mit der man einfach das Gegenteil behauptet, ist schon beeindruckend.

9.2 Wohlstandssteigerung für Bürger durch die Zielrichtungsänderung der Politik

Wohlstandsteigerungen sind für die Deutschen durch ein neues sozial-wirtschaftliches Gesamtkonzept möglich. Dieses Gesamtkonzept muss den Umweltschutz, die Agenda 2010, die Hartz IV Reformen, das gesellschaftliche Klima, Unternehmensübernahmen, die Bestrebungen, den Kündigungsschutz von Arbeitnehmern und die Rendite-Vorstellungen von Unternehmen als die einzig wichtige Komponente berücksichtigen, die möglichst freie Entfaltung der Unternehmen und die weitgehende Deregulierung der Märkte auf den Prüfstand stellen. Weiterhin ist die Frage zu beantworten, ob die

Politik maßgeblich auf das Wohlergehen der Bürger oder auf die Gewinnvorstellungen der Unternehmen ausgerichtet sein sollte. Nur wenn es gelingt, das der Fokus der Politik sich auf die Zielsetzung ausrichtet, dass es möglichst ein Wohlstand für alle Bürger geben soll, kann die Macht der Konzerne, der Unternehmen und die effiziente Lobbyarbeit gegen den Wohlstand für die Bürger gestoppt werden. Nur hierdurch kann die Diktatur von Rendite-Vorgaben gestoppt werden. Jede Lobbyarbeit der Industrie bewegt sich ganz nah an der Grenze der Korruption der Politiker. Es kann nicht sein, dass Politiker zum Abendessen auf Konzernkosten eingeladen werden, wenn die Interessen der Konzerne, der Unternehmensverbände und der Unternehmen Gesprächsgegenstand sein sollen. Die Unabhängigkeit der Politiker muss gewährleistet sein. Jeder Beamte steht schnell unter Korruptionsverdacht, wenn er zu einem Abendessen eingeladen wird und auch teilnimmt, wenn es zu Interessenskonflikten mit seinem Amt kommen könnte. Ganz problematisch ist es, wenn Konzerne aufgrund ihrer Eigeninteressen, Personalkapazitäten einsetzen, um der Politik Gesetzesvorlagen zu erstellen, weil die Ministerien, die hierfür zuständig sind, keine ausreichenden personellen Ressourcen hierfür haben. Der Staat und seine Organe und Verantwortlichen öffnet sich zunehmend der Lobbyarbeit. Bei jedem Versuch einer Einflussnahme müssten die demokratischen Institutionen auf eine klare Distanz achten. Weiterhin müssen ausreichende eigene personelle Kapazitäten zur Abwägung unterschiedlicher Argumente und Interessen im Sinne des Allgemeinwohls sorgen, dem der Staat mit seinen Institutionen verpflichtet ist. Leider ist die Tendenz in der Realität genau das Gegenteil. Der Staat und die Parteien in der Regierungsverantwortung binden Lobbyisten immer enger in relevante politische Entscheidungsprozesse ein. Politische Entscheidungsprozesse werden in Expertengremien und Kommissionen vorbereitet. Teilweise werden Gesetzestexte gleich vollständig von Anwaltsfirmen geschrieben, die eine hohe Nähe zu Konzernen, Unternehmen oder Unternehmensverbänden haben. Hierdurch kann der Staat keinen transparenten und ausgewogenen Interessenausgleich im Sinne des Allgemeinwohls sicherstellen. Der Staat kann maximal noch eine moderierende Rolle einnehmen. Die notwendige gestaltende Rolle kann er in keinem Fall mehr übernehmen und verantworten. Zunehmende finanzielle und personelle Verflechtungen gefährden nicht nur die Unabhängigkeit demokratischer Institutionen und die Ausgewogenheit politischer Entscheidungen, sondern müssen längst beim Namen genannt werden. Dies ist Korruption und nichts anderes! Besonders pikant sind Seitenwechsel ehemaliger Regierungsmitglieder oder lukrative Nebentätigkeiten von Abgeordneten oder externen Mitarbeiter/innen in Ministerien. Das „Outsourcing" von Gesetzesformulierungen an private Anwaltskanzleien muss zu Interessenskonflikten führen. Politische Entscheidungen können dann nicht mehr unabhängig getroffen werden. Die zunehmende Verlagerung vieler wichtiger Entscheidungen nach Brüssel führt zusätzlich zu deutlichen Vorteilen für starke Lobbyakteure, denen es hiermit gelingt, die jeweiligen Landesdemokratien zu umgehen, um ihre spezifischen

Interessen in politischen Entscheidungsprozessen zu verankern. Die Bürgerinnen und Bürger sehen jeglichen Lobbyismus als ausgesprochen kritisch an. Dies liegt eben an den vom Bürger wahrgenommenen finanzielle Verflechtungen, den fliegenden Seitenwechseln von Politikern in lukrative Managementfunktionen von Unternehmen und Konzernen. Die wahrgenommen Nähe von Politiker/innen und Lobbyisten wird durch die Bürger als sehr negativ gesehen. Hierdurch ist die Demokratie schon seit langem in Gefahr zu einer Hülse zu werden. Entscheidungen werden nicht mehr demokratisch getroffen, sondern durch Lobbyarbeit vorbereitet und durch die Politik nur noch bestätigt. Als Quelle dienen hierzu Ausschnitte aus dem Lobbyreport 2013, der von Christina Deckwirth und Timo Lang verfasst ist.

Die Politiker sind ihren Wählern verpflichtet, der Verfassung verpflichtet und nicht den vielfältigen Interessen der Unternehmen, der Kapitalseiten und der Unternehmensverbänden. Hier muss umgesteuert werden. Der Bürger wird für „blöd verkauft". Hier liegen die Politiker falsch. Und dies ist ein wesentlicher Grund für eine breite Politikverdrossenheit beim Bürger. Die Arroganz und Überheblichkeit vieler Politiker, der Volksvertreter ist offensichtlich und muss verändert werden. Nur eine Richtungsänderung kann mit gestalteten Rahmenbedingungen den Wohlstand für alle ebnen. Zur Zeit werden nur die Rahmenbedingungen für hohe und höchste Renditen der Unternehmen geschaffen und abgesichert. Fatal in einer Demokratie, die sich auf die soziale Marktwirtschaft beruft. In Deutschland ist die Entwicklung deutlich in Richtung einer

Deregulierung von Märkten ausgerichtet. Auf deregulierten Märkten sind insbesondere diejenigen im Vorteil, die die wirtschaftliche Stärkeren sind. Dies sind in vielen Fällen die Konzerne und große Unternehmen. Dies ist insbesondere durch die Hartz IV Reformen nicht mehr die sozial geprägte Marktwirtschaft, die sozialen Ausgleich und die soziale Verantwortung unter anderem als Zielsetzung formuliert hatte. Der Fokus der aktuellen Marktwirtschaft wird viel zu stark von der Globalisierung, von der Wettbewerbsfähigkeit der Unternehmen und von Rendite-Vergleichen der Unternehmen aus anderen Staaten geprägt.

10. Konzeption zur Veränderung der wirtschaftlichen Entwicklung in Richtung „Wohlstand für alle"

Die Politiker auf kommunaler Ebene, Länderebene und Bundesebene sind durch die Wählerinnen und Wähler in demokratischen Wahlen in die dem Gemeinwohl verpflichtete verantwortliche Positionen gekommen. Sie sind den Wählerinnen und Wählern verpflichtet und dem Gemeinwohl für das deutsche Volk. Sie sind nicht den Lobbyisten der Konzerne und Unternehmen verantwortlich.

Ein Konzept „Wohlstand für alle" kann nur durch gestaltende Politik entstehen. Politik muss sich an dem oben aufgezeigten Ziel orientieren. Eine wesentliche Basis sollte ein positives gesellschaftliches faires Miteinander sein. Hierzu könnte die Einführung eines Grundeinkommens für jeden Bürger darstellen. Die Hartz IV Reformen müssten zügig ad acta gelegt werden. Sie sind kein Erfolgsmodel! Hiermit sollten die Ängste und Befürchtungen von Arbeitnehmerinnen und Arbeitnehmer und deren Familien vor einem gesellschaftlichen Absturz beseitigt werden. Die Finanzierung des Grundeinkommens sollte über die Verbreiterung des Steueraufkommens gelingen. Unternehmen, die in Deutschland ihren Sitz haben müssen dazu bewegt werden auch hier „gerne" Steuern zu zahlen, damit sie in diesem Land mit angstfreien, kreativen, in hohem Maße engagierten und hervorragend ausgebildeten Arbeitnehmerinnen und Arbeitnehmern die Herausforderungen der kommenden Jahre erfolgreich bewältigen zu können. Weiterhin sollen die Unternehmen gute Gewinne in Deutschland erzielen können. Hiervon müssen dann aber auch die Steuern gezahlt werden und es kann nicht sein, dass Unternehmen viele Schlupflöcher finden, die erforderlichen Steuerzahlungen zu umgehen und davon auch Gebrauch machen.

Von den guten Gewinnen müssen dann auch folgerichtig die Arbeitnehmerinnen und Arbeitnehmer, die diese Gewinne erwirtschaftet haben, profitieren. Eine Abkopplung der Gehälter gänzlich von den positiven Gewinnen in Unternehmen kann nicht weiter fortgeschrieben werden. Weiterhin müssen Rahmenbedingungen für den Wettbewerb durch die Politik so ausgestaltet werden, dass ruinöser, zerstörerischer Wettbewerb nicht stattfinden kann und darf. Für die Arbeitnehmer muss ein angemessener Kündigungsschutz aufrecht erhalten werden und in den Unternehmen muss viel deutlicher die Verantwortung für die Menschen wieder betont werden und es dürfen nicht die Renditen im

Vordergrund stehen. Den Unternehmen müssen klare Anreize und Regelungen für Investitionen in Deutschland gesetzt werden. Die Deregulierung von Märkten muss aufhören, wenn nur die Stärkeren als Marktteilnehmer Vorteile hieraus ziehen.

Die Steuergesetzgebung muss transparenter gestaltet werden. Die Sozialleistungen müssen gebündelt werden auf diejenigen Leistungen, die tatsächlich für viele Menschen in Deutschland Vorteile möglichst sozial ausgewogen bedeuten. Andere Leistungen könnten entfallen. Dazu müssen Kinder in Deutschland willkommen sein und das Land muss an Kinder- und Familienfreundlichkeit deutlich gewinnen. Hier sind nur Lippenbekenntnisse, aber keine positiven Umsetzungen von Maßnahmen, völlig fehl am Platze. Jegliche Lobbyarbeit, die die direkte und indirekte Beeinflussung von Politikern durch Unternehmen und Konzernen muss unterbleiben und schon frühzeitig als Korruption gebrandmarkt und deutlich geahndet werden. Mindestlöhne müssen so gestaltet werden, dass zusammen mit dem Grundeinkommen für jeden ein auskömmliches Leben möglich ist. Die Wertschätzung der Arbeit muss durch die Formulierung von adäquaten Mindestlöhnen erfolgen.

Die Wertschätzung von Lebensmitteln muss massiv gestärkt werden. Die Nutztierhaltung muss so gestaltet werden, dass bei der Nutztierhaltung ethische und tierschutzrechtliche Standards und Vorschriften weit übererfüllt werden. Den Unternehmen, die diese missachten, muss von staatlicher Seite in Kürze die Betriebserlaubnis entzogen werden. Hierzu sind effiziente Kontrollinstanzen erforderlich. Der Staat muss von seiner zunehmenden „Nachtwächter-Rolle oder Moderatoren-Rolle" in weiten Bereichen der Gesellschaft und der Wirtschaft wieder zu einem „gestaltenden Staat" entwickelt werden, der die Rahmenbedingungen auch gegen Widerstände aus der Wirtschaft durchsetzen kann. Hierzu ist die ausreichende Anzahl von hochqualifiziertem Personal auf allen Ebenen notwendig. Dies gilt gleichermaßen für viele andere Bereiche des gesellschaftlichen Lebens. Der Polizeiabbau muss beispielsweise gestoppt werden. Die Bürgerinnen und Bürger erwarten von dem Staat, dass er seinen Beitrag zu ihrer Sicherheit leistet. Es kann nicht sein, dass die nächste Polizeistation in strukturschwachen Gebieten eine halbe Stunde Fahrzeit entfernt ist. Dies muss sich eine Gesellschaft leisten.

Ebenfalls muss ein flächendeckendes Gesundheitswesen aufrechterhalten werden. Die Notarztversorgung ist in strukturschwachen Gebieten katastrophal. Dies ist zu beheben! Ebenfalls müssen dringende Investitionen in Erziehung im Vorschulalter bis zur Bildung in allen Schulformen erfolgen, damit möglichst alle Jugendlichen mindestens eine Berufsreife erlangen können, die auch tatsächlich einer Berufsreife entspricht. Zusätzlich müssen Berufsperspektiven für jeden jungen Menschen gefunden werden.

Diese Investitionen sind genauso wichtig wie die Investitionen in den Ausbau von Forschungseinrichtungen der Universitäten und die Förderung von Elite-Unis. Weitere Investitionen müssen in die marode Infrastruktur wie Straßen, Bahnstrecken und IT-Vernetzung erfolgen. Es muss endlich aufgehört werden mit dem (Kaputt)-Sparen. Unternehmen, die erfolgreich sein wollen, entwickeln sich nicht dadurch weiter, dass sie sich kaputt sparen, sondern im Gegenteil, dass sie in innovative Produkte und Dienstleistungen und Forschungsanstrengungen investieren. Der Staat muss sich weg von der „Nachtwächter-Rolle" hin zu einer „Gestaltenden Rolle" entwickeln, die sich am Gemeinwohl und sich insbesondere nicht vorwiegend wahrnehmbar an den Interessen weniger orientiert. Die personellen Kapazitäten bei den staatlichen Institutionen könnten im Gleichklang dann aufgebaut werden, wenn das Steueraufkommen verbreitert wird und damit auch gleichzeitig deutlich erhöht wird. Herr Schäuble muss endlich von seiner Zielsetzung der schwarzen Null runter kommen. Eine Familie, die ein Haus bauen will, geht auch zur Bank und verschuldet sich. Diese Familie wird sich nicht kaputt sparen, sondern investiert in ihre Zukunftspläne.

Die Integration von Bürgerinnen und Bürgern mit Migrationshintergrund muss besser als bisher gelingen. Hierzu zählt eine Einwanderungskonzeption, die von der Politik zu entwerfen ist und die eine hohe Transparenz und Akzeptanz für die Beteiligten und für alle Bürgerinnen und Bürger erzielt und gewährleistet. Keine klare und erfolgreiche Einwanderungskonzeption zu haben, wie es sich zur Zeit darstellt, kann sich Deutschland nicht mehr länger leisten. Ein schlüssiges Konzept ist hier „alternativlos" vor allem im Hinblick auf die drängenden Problemlösungen mit dem hohen Zustrom an Flüchtlingen nach Deutschland aus Krisenregionen.

Durch die vielen aufgezeigten Komponenten würde sich die deutsche Gesellschaft auf das Ziel „Wohlstand für alle" hinbewegen, wenn diese Komponenten weiter ausdifferenziert und miteinander zu einem gesamtgesellschaftlichen Konzept verknüpft würden und die Zielsetzung „Wohlstand für alle" wäre in einem akzeptablen Zeitraum auch erreichbar.

Hierdurch würden vor allem auch die zu hohen Unterschiede in der Einkommens- und Vermögensverteilung sukzessive beseitigt werden können. Vorhandene Wachstums-Behinderungen aus der ungleichen Einkommens- und Vermögensverteilung würden reduziert. Die deutsche Ellenbogen-Gesellschaft würde sich wieder stärker hin zu einem fairen positiven Miteinander entwickeln, es würden die vorhandenen Gewaltpotenziale in der Gesellschaft reduziert werden können und in der Summe würden in einem positiven Gesellschaftsklima die Menschen wieder glücklicher. Extremisten in der Gesellschaft hätten deutlich geringere Chancen in der Gesellschaft Anhänger zu finden, weil es für alle Menschen und insbesondere junge Menschen attraktive Lebensperspektiven geben würde und geben muss. Wir wollen doch keine „verlorene Generation" fördern. Dies insgesamt würde die deutsche Demokratie in ihrer Kraft und Ausstrahlung stärken. Die Auswanderung insbesondere von gut qualifizierten Akademikern würde sinken und eventuell größtenteils gestoppt werden können, weil es sich wieder gut anfühlt, in Deutschland zu leben. Nur in diesem Kontext kann Deutschland auch in der EU und für die EU wieder an positiver Ausstrahlung und Gestaltungskraft gewinnen. Sicherlich nicht durch den Export von Hartz IV Reformen und Exportweltmeisterschaft. Dazu gehört einfach viel, viel mehr!

Literatur, Beiträge, Quellen:

1. Der bessere Kapitalismus, WirtschaftsWoche Nr. 15 vom 4.4.2015, Seite 20–25

2. Einkommensunterschiede Wirtschaftswachstum nur für Reiche, 19. Januar 2012 Süddeutsche Zeitung

3. DIW-Studie enthüllt: Gehälter im unteren Bereich sind über die Jahrzehnte real deutlich gesunken (Quelle: Thinkstock by Getty-Images)

4. Gerhard Bosch, Prekäre Beschäftigung und Neuordnung am Arbeitsmarkt, Expertise im Auftrag der Industriegewerkschaft Metall Duisburg, September 2012

5. OECD: Kluft zwischen Arm und Reich verlangsamt Wirtschaftswachstum 09.12.2014, 08:30 Uhr | rtr, dpa

6. Gerhard Bosch, Zur Einführung des gesetzlichen Mindestlohns von 8,50 € in Deutschland, Aktuelle Stellungnahmen aus dem Institut Arbeit und Qualifikation 2014

7. NachDenkSeiten – Die kritische Website Titel: Strukturreformen als Mittel zur Lösung der Eurokrise? 16. Oktober 2014 Verantwortlich: Jens Berger

8.   Deutsche Bundesbank Statistiken und Grafiken, die
        Informationen sind auf der Bundesbank-Website kostenfrei
        erhältlich.

9.   Statistisches Bundesamt

10.   Anhaltend hohe Vermögensungleichheit in Deutschland von
        Markus M. Grabka und Christian Westermeier in
        DIW Wochenbericht Nr. 9.2014

11.   http://solidarischgsund.files.wordpress.com/2012/05/
        wohlstand.jpg

12.   Studie des Deutschen Institutes für Wirtschaftsforschung in
        Berlin (DIW zum Wohlstand für alle)

13.   Institut für Arbeitsmarkt- und Berufsforschung (IAB)
        Statistisches Bundesamt

14.   Analysen der Hans-Böckler-Stiftung

15.   Handelsblatt 2014

16.   Tagesspiegel am Sonntag 1. Februar 2014

17.   Marco Meier im Contra Magazin am 4. Oktober 2014

18.   Das Einkommen steigt, das Glück nicht: Das Beispiel USA.
        (Einkommen nach US Department
        of Commerce, Bureau of Economic Analysis, Glück bis 1971
        American Institute of Public Opinion
        (AiPO), ab 1972 US-General Social Survey (GSS); nach >>
        Layard2005.

19.   Thomas Piketty, Veröffentlichungen zu Arm und Reich

20.   Statistisches Bundesamt, Volkswirtschaftliche
        Gesamtrechnung 2012

21.   Lobbyreport 2013

Umschlaggestaltung, Illustration: Matthias Prenzel
Vorlage, tredition GmbH, Hamburg

Verlag: tredition GmbH, Hamburg

ISBN 978-3-7345-0059-6 (Paperback)
ISBN 978-3-7345-0060-2 (Hardcover)

Bibliografische Information der Deutschen Nationalbibliothek:
Die Deutsche Nationalbibliothek verzeichnet diese Publikation in der Deutschen Nationalbiblio-
grafie; detaillierte bibliografische Daten sind im Internet über http://dnb.d-nb.de abrufbar.